020

팸플릿 020

기후정의

희망과 절망의 갈림길에서

한재각 지음

한티재

차례

상자 글 목차

그림 목차

참고 문헌

들어가는 글

우리는 기후위기의 한복판에 서 있다. 그 위기가 얼마나 심각하고 또 다급한 일인지 여러 과학적 수치나 그래프를 통해 이야기해 볼 수도 있다. 그러나 그렇게 하지 않겠다. 대신 호주의 한 보고서 서문을 소개한다. 2019년 초 호주에서 발간된 보고서,「실존적인 기후 관련 안보 위기 : 시나리오적 접근」의 서문을, 호주 해군의 퇴역 장성이자 국방참모대학 총장을 역임한 크리스 배리Chris Barrie가 썼다. 그는 이 서문에서, 호주 의회가 기후변화를 '실존하는 국가 안보 위기'라고 규정한 한 보고서를 인용하고 있다. 이 위기는 "지구에서 생겨난 지적 생명체가 너무 이른 시기에 멸종에 직면해 있거나 혹은 바람직한 미래 발전의 잠재력이 영구적이고 급격한 파괴에 직면해 있는 것"이라고 설명하고 있다. 섬뜩한 표현들이다. 하지만 정작 내 눈길을 끄는 것은 달리 있었다. 그는 이런 이야기를 전하고 있다.

> 우리는 최근 호주에서 우리의 고난이 점점 더 심각하게 현실화되는 징후들을 보고 들었습니다. 예를 들어 젊은 여성들은 아이를 갖지 않기로 결심했다고 말하며, 기후학자들은 미래의 최후의 심판일은 '피할 수 없다'고 생각하면서, 조사연구에 공을 들이기보다는 가족에 관해 더 생각하는 쪽으로 방향을 돌려 '더 안전한' 장소로 옮기자는 식으로 이런 절망감을 받아들이고 있습니다(Chirs Barrie, 2019).

아이를 낳지 않겠다는 결심이나 연구실을 떠나 가족들과 남은 시간을 보내겠다는 절망감. 완전히 동일한 것인지 모르겠지만, 기후위기에 대해 강의를 준비하고 또 진행할 때면 나도 비슷한 감정에 휩쓸리곤 한다. 한 장면이 떠오른다. 재작년 여름인가, 녹색당의 초청으로 갔던 한 강의. 그날도 기후위기의 절박함을 강조했다. "인류가 이 위기를 넘어설 수 있을까? 애를 써야겠지만, 솔직히 자신할 수 없다. 아니 다 망할 것 같다. 미래가 없어 보인다." 이렇게 말을 뱉고 난 후에야 청중들이 다시 눈에 들어왔다. 그러다 한 청소년과 눈이 마주쳤다. 혼자 절망감에 빠져 그를, 그리고 청중들을 잊고 있었다. 당황스러웠고, 부끄러웠다. 내가 무슨 말을 하고 있었던 것일까. 겁을 줘서 사람들을 일깨울 수 있다고 생각했던 것인지, 아니면 끙끙대던 '기후 우울증'을 배설하고 있었던 것인지. 무슨 권리로 그들 앞에서 그런 말을 했던 것일까. 정신이 번쩍 들었다.

그 후 얼마 지나지 않아서, "지금 말하고 당장 행동하라"는 '기후위기 비상행동'의 탄생에 함께하게 되었다. 2019년 9월 21일, 서울 대학로에 5천여 명의 시민들이 모이고, 전국적으로 6천5백여 명이 비바람 몰아치는 날씨에도 거리에 나와서 기후위기 비상선언을 요구하고 배출 제로와 기후정의를 외쳤다. 겨울을 거치면서 전국 각지에서 '기후행동학교'를 열자고 제안했고, 그 안팎에서 진행된 내 강의도 내용이 조금씩 바뀌기 시작했다. 기후위기의 심각성을 알리는 것만이 아니라, '데모'에 나서자는 '선동'까지 포함되었다. 미국과 유럽 등지, 그리고 국내에서도 거세게 일고 있는 '청소년 기후행동', '멸종저항'과 '토지의 종말', 그리고 '선라이즈 무브먼트' 같은 대중운동이 내게 용기를 불어넣어 준 덕분이기도 했다. 하지만 무엇보다, 나와 눈을 마주친 그 청소년에 대한 부끄러운 기억이 내 강의를 변화시킨 것이다.

그렇다고 강의 내용이 전면적으로 달라진 것은 아니다. 역시 우울한 정서가 지배적이다. 이 책 역시 크게 다르지 않을 것이다. 어설픈 희망과 억지 낙관은 이미 충분하다고 생각하기 때문이다. 내가 감당할 수 있는 한, 얼마나 기후위기가 심각하고 절박한지, 숨기지 않고 이야기하려 한다.* 이 책에도 포함된 '탄소예산' 문제를 나는 강의에서 빠뜨리지 않는다. 우리에게 남겨진 탄소예산이 얼마나 빠르게 소진되고 있는지, 그리고 우리가 살아갈 것으로 기대하고 있는 시간에서 그 순간을 얼마나 빨리 마주하게 될 것인지 이야기한다. 듣는 사람도 힘들겠지만, 말하는 이에게도 그것은 힘든 일이다. 그래도 회피할 수 없는 노릇이다.

그러나 기후위기 시대에 우리가 직면한 가장 큰 적은 기후위기 자체에 있지 않다. 우리 앞의 가장 강력한 적은 기후위기를 가속화하고 있는 현실을 바꾸지 못하리라는 비관과 무기력이다. 그 탓에, 온실가스를 계속 배출하고 있는 '정상 상태'에서 벗어나지 못하리라는 현상유지론 앞에서 우리는 매일같이 패

---

* 그러나 나는 인류 사회가 기후위기를 해결하지 못하고 근본적으로 붕괴될 것에 대비해야 한다는 영국의 짐 벤델(Jem Bendell) 교수의 「Deep Adaptation: A Map for Navigating Climate Tragedy」와 같은 글은 읽지 않았다는 점을 밝혀둔다. 아직 그럴 용기는 없다.

배하고 있다. 가장 무서운 것은 날마다 탄소예산이 조금씩 줄어들어, 우리에게 주어진 시간이 채 10년도 남지 않았다는 사실 그 자체가 아니다. 가장 공포스러운 것은 현존하는 기술과 정책들의 가능성에도 불구하고 이를 실현시킬 정치사회 세력을 결집시키지 못하고 있다는 점이다. 기존의 정치경제적 이해관계의 장벽을 넘어, 실행할 수 있는 거대한 사회운동을 만들어 낼 수 없을지 모른다는 불안감이다.

이 불안하고 절박한 때, 누가 가해자이고 피해자인지를 따지는 것은 어떤 의미가 있을까? 그저 따지고 말하기 좋아하는 자들의 습관이며, 피해망상에 찌든 이들의 괜한 발목잡기일까? 그렇지 않다. 기후위기가 심화할수록, '기후정의'climate justice 운동은 전 지구적으로 급속하게 성장하고 있다. 기후정의 운동의 관점에서, 누가 기후위기를 야기했으며 누가 그로부터 피해를 받고 있는가 하는 질문은, 문제 해결 과정에서 결코 피할 수 없는 핵심 쟁점이다.

그리고 기후위기 해결이 또 다른 불평등 속으로 걸어 들어가는 길이 되는 것은 아닌지도 물어야 한다. 2018년 프랑스에서 일어났던 '노란 조끼' 운동을 기억해 보자. 정부가 에너지 전환을 목표로 유류세를 인상하자, 많은 시민들이 도로를 점거하고 타이어를 불태우면서 경찰에 맞서 격렬하게 싸웠다. 점차 심각해지는 빈곤과 불평등 속에서 가난한 시민들의 가벼운 주머니를 탈탈 털어 낼 것이라는 불만이 폭발한 것이다. 결국 프랑스 정부의 유류세 인상 조치를 좌절시켰다. 따져 보면, 유류세 인상과 동시에 부유세 인하를 감행하려 한 프랑스 정부의 정신 나간 정책의 결과였다. 사회적 불평등을 해결하려는 의지가 없는 정부는 기후정책도 제대로 실현하기 어렵다는 것을 단적으로 보여준 사례였다.

이 이야기의 심층에는 기후위기의 유발자와 피해자가 동일하지 않다는 문제의식과 분노가 자리 잡고 있다. 부자 나라와 부자들이 그동안 부를 쌓고 사치를 누리느라 온실가스를 쏟아낸 결과, 가난한 나라와 가난한 이들에게 온갖 재난과 고난이 가중되고 있다. 이런 불평등한 현실에 분통을 터트리지 않는다는 것이 이상한 일 아닌가. 게다가 왜 온실가스를 많이 배출하는 기업과 부자들이 기후위기를 책임지지 않고, 나날의 생존을 걱정해야 할 가난한 이들에게 그 비용을 부담하라고 요구하는가. 이 분노를 들여다보지 않고 우리는 기후위기를 해결할 수 있을까? 정의가 무엇인지 제대로 답하지 않고 기후위기 해결을 위한 행동을 가속화할 수 있을까? 여기서 미국의 전설적인 노동운동가이자 '정의로운 전환' 개념의 창안자로 알려진 토니 마조치의 말을 떠올린다.

"노동자들은 환경을 보호하지 않으면 내일 죽지만, 일자리를 잃으면 오늘 죽는다."

이 말은 폐쇄를 앞둔 석탄발전소 노동자들뿐만 아니라, 하루하루 살아가기 힘든 모든 이들의 공감을 불러일으킨다. 기후위기가 우리 삶을 위협한다는 것은 알겠지만, 당장 위태로운 생존을 앞두고 달리 무엇을 할 수 있을까 하는 의문이 들고 무력해지기 쉽다. 기후위기를 해결하는 과정에서 사회경제적 약자들에게 불평등이 더욱 가중되지 않으리라는 보장이 있어야 한다. 지금까지의 사회적 불평등도 함께 해결되리라는 기대를 불러일으킬 수 있어야 한다.

국제적·사회적 불평등이 기후위기를 야기하였다. 이러한 인식 위에서라야 다급한 기후위기 해결에 사회적 힘을 결집할 수 있다. 기후정의가 기후위기 해결을 위한 가장 빠른 길을 열어 줄 열쇠가 될 것이라 믿는다.

이 책은 기후변화에 관한 여러 강의를 준비하고 진행하는 과정에서 확장되고 수정보완된 것이다. 또한 '기후위기 비상행동'을 비롯하여 여러 기후운동에 참여하면서 이야기를 나눈 많은 이들로부터 배우고 또 지지받은 결과이기도 하다. 따라서 강의를 들어 주고 또 의견을 나눠 주신 많은 시민들이 이 글의 공저자라고 이야기하고 싶다. 또한 12년의 시간을 함께해 주고 이런 책을 쓸 수 있도록 배움을 나눠 준 에너지기후정책연구소의 모든 분들께 감사드린다. 특히 이 책을 쓰는 데 큰 도움이 되었던 김현우, 이정필, 이진우와 함께 한 공부와 각별한 우정에 감사드린다. 또한 이 책의 출판을 위해 애써 주신 한티재 오은지 대표와 변홍철 편집장께도 감사드린다. 그 외에도 고마움을 표해야 할 분들이 여럿 있지만, 일일이 거명하지 못하는 게으름과 낯가림을 이해해 주시길.

그러나 책을 쓰는 과정은 내 공부가 얼마나 부족한지, 또한 이런저런 이유로 관여하기를 주저하고 관망한 운동들이 얼마나 많은지를 깨닫는 과정이었다. 많은 이들의 가르침에도 불구하고, 강의나 활동을 통해서 질문 혹은 문제제기를 받았던 많은 의제들 — 예컨대 동물권, 성평등, 생산적 기후정의와 같은 기후위기와 긴밀히 연결된 — 에 대해 이 책에서 충분히 답하고 있지 못한 것이 아쉽다. 계속 공부하고 활동하면서 보완할 기회가 있기를 바란다.

마지막으로, "지금 말하고 당장 행동하라"라는 슬로건을 건,

2019년 9월의 '기후위기 비상행동' 집회의 기억이 떠오른다. 비장한 집회였지만 참석한 사람들의 표정이 너무도 밝아 의아스럽게 여겨지기까지 했다. 과연 몇 명이나 모일까 걱정으로 가득했던 나마저, 거대한 소리로 모인 시민들을 보니 감격스러웠고 또 희망이라는 것을 만지작거릴 수 있었다. 시민들은 서울 대학로에서 종로까지 흥겹게 춤추고 노래 부르면서 행진을 했으며, "이대로라면 다 죽는다"는 상징적 행위로 연출한 5천여 명의 다이-인die-in 시위까지도 즐거운 마음으로 해냈다. 미국 작가 레베카 솔닛이 『이 폐허를 응시하라』(펜타그램, 2012)에서 묘사한 '재난 유토피아'의 짧은 기쁨을 경험한 것이 아닐까 싶기도 했다. 절망적인 기후위기라는 사실 자체를 인정해야 보이지만, 우울함 사이를 비집고 나와 싹트는 작은 희망을 함께 마주하는 기쁨. 이마저 없다면, 이 책을 마무리하기 힘들었을 것이다. 이 책이 기후위기에 직면한 모든 이들에게 위로가 되고, 또 그 해결에 조금이라도 도움이 될 수 있기를 바란다.

2021년 1월
한재각

1

기후위기,
어떻게 이야기해야 하나

기후변화, 아니 기후위기에 대해 이야기하면서 우리는 머릿속에서 어떤 장면을 떠올리고 있는가. 무너지는 북극의 빙하, 먹을 것을 찾지 못해 헤매는 북극곰부터 떠오를 수도 있다. 틀린 것도, 잘못된 것도 아니다. 하지만 이제 우리의 이야기는 쪽방촌의 빈곤한 노인과, 살아왔던 고향을 떠나 고난을 겪고 있는 기후난민들로 확장되어야 한다. 기후위기는 단순히 야생동물의 비극에 관한 것이 아니라, 사회경제적인 경계선을 따라 나타나는 불평등한 사회적 참극에 관한 이야기이다.

1장

"아는 북극곰 있나요?"

'기후변화' 하면 떠오르는 장면

많은 사람들은 기후변화에 대해 듣고 말하면서 북극곰부터 떠올린다. 북극 빙하가 녹으면서 지낼 곳도 없어지고 먹을 것도 부족하여 심지어 동족끼리도 잡아먹을 지경에 처했다는 가슴 아픈 이야기가 널리 알려져 있다. 기후변화 위기를 경고하는 국제적인 환경단체들의 캠페인이나, 사회적 책임을 다하고 있다는 기업들의 광고에 자주 등장하기 때문이다. 모 방송국의 성공적인 다큐멘터리 〈북극의 눈물〉의 인상 때문일지도 모른다. 기후변화 강의 때마다 이야기를 시작하면서 사람들에게 묻는다. "아는 북극곰 있나요?" 이 엉뚱한 질문에 사람들이 웃는다. 대부분의 사람들은 북극곰을 직접 본 적도 없다. 동물원에 가면 볼 수 있을는지 모르겠지만, 대개의 경우 TV를 통해서 보았을 거다. 이 불쌍한 북극곰의 운명을 구하자! 이제 우리는 지금까지 살아온 생활 방식을 바꿀 때다. 텀블러와 에코백, 그리고 손수건을 사용해 주시고, 환경단체를 후원해 달라. 이제 꽤 익숙해진 이야기이다. 아는 북극곰은 한 마리 없지만, 왠지 그 정도는 해 줄 수 있을 것 같다.

그러나 이것으로 충분할까? 북극곰이 너무 가여워서, 어쩌면 차를 놔두고 걷거나 자전거를 타고 집에 돌아가야 하겠다는 결심까지 할지도 모른다. 대단한 결심이지만, 정작 도전해야 할 사회의 구조적 변화에 대해 운을 떼지도 않았다. 자동차를 조립하던 공장의 문을 닫고 노동자들이 다른 일자리를 찾아야 할지도 모른다. 또한 세계를 촘촘히 연결하고 있는 항공 산업도, 값싸게 편리한 전력을 공급하는 석탄발전 산업도 막대한 온실가스 배출을 야기하니 빠르게 폐지하자고 주장하기도 한다. 북극곰이 불쌍하다는 이유만으로 사람들을 설득할 수 있을까? 미쳤다는 소리 듣기 십상이다. 물론 통상의 삶과 일상적으로 불화할 수밖에 없는 채식주의자, 그리고 동물보호 운동가들이 있고, 아마도 그들은 북극곰 때문에 이런 일을 감내해야 한다고 주장할 수 있다. 그리고 그에 동의하는 사람들이 점차 늘고 있기도 하다. 그러나 대다수의 사람들은 자신의 생활 방식을 바꾸고, 산업 구조와 일자리를 바꾸며, 사회를 근본적으로 변화시켜야 하는 이유가 북극곰(이라는 상징)이 될 수 있다는 데 회의적이다. 그렇다면 우리가 기후위기를 이야기하고 해결책을 모색하는 다른 방식, 더 나은 말은 없을까?

기후과학 회의장의 군인

북극곰의 이미지는 기후위기의 심각성을 절박하게 인식하는 데 방해가 될 수 있다. 한 번도 가본 적 없는 먼 곳에서 벌어지는, 몇몇 동물의 불행에 국한되는 자연에서 벌어지는 일 정도로 기후변화를 인식하게 만들 수도 있기 때문이다. 기후변화를 북극곰을 통해서만 인식하는 것은 큰 오류다. 북극곰이 아니라 쪽방촌 노인 혹은 야외 작업장의 노동자의 얼굴을 떠올리면서 기후변화에 대해서 이야기하지 못할 이유가 있을까.

이런 생각을 하던 중, 한 책에서 생각지도 못한 문구 하나를 발견하였다.

최근 들어 기후변화를 주제로 하는 과학 컨퍼런스에 참석하면 새로운 유형의 참가자들이 눈에 띈다. 바로 군인들이다. 이러한 현상은 결코 우연이 아니다(스티븐 에모트, 2014: 153).

기후변화 과학 컨퍼런스라면 기후과학자, 정치인과 정부관료, 환경운동가, 언론인, 심지어 기업 대표나 로비스트까지 참여하리라 쉽게 짐작이 되지만, 군인은 대체 왜? 아마도 많은 사람들이 궁금해 할 일이다. 소위 선진국의 장관들이 기후변화에 대해 하는 이야기를 들어보면 그 실마리를 찾게 된다. 한국 사회에서는 낯선 일이지만, 여러 선진국들은 국가 존재의 핵심적인 이유로 지목되는 안보 문제를 기후변화와 연결시키고 있다.

최근에 나온 과학 연구를 보면, 기후변화가 세상에 어떤 물리적 충격을 줄지 그림을 그려볼 수 있어요. 그 충격은 환경에만 머무르지 않습니다. 그것의 결과는 안보 문제의 핵심을 건드립니다 (마거릿 베켓, 영국 전 외무부 장관; 귄 다이어, 2011: 8).

그래도 아직은 막연한 느낌이라 인터넷을 더 검색하니, 미국 국무부 장관의 발언도 눈에 띈다.

지금 유럽이 씨름하는 난민 사태가 극단주의 때문이라고 생각하는 분이 많습니다. 그 생각은 잠깐 보류하고 이것부터 생각해 봅

시다. 물도 식량도 없이 오로지 생존을 위해 한 부족이 다른 부족과 싸우면, 그 지역에 어떤 상황이 빚어지겠습니까?(존 캐리 미국 국무부 장관, 2015년 8월 31일 미국 알래스카 주 앵커리지에서 열린 북극외교장관회의 기조 연설;『연합뉴스』 2015. 9. 21에서 인용)

기후난민

지옥 같은 내전으로 한 도시가 무덤으로 변하고 그 전란을 피해 국경을 넘는 시리아 난민들을 떠올릴 수도 있다. 아슬아슬한 조각배를 타고 지중해를 건너다 그 일부는 싸늘한 주검으로 남부 유럽 어느 해변에 도달하기도 한다. 한 언론은 이들 유럽 난민 사태의 '뿌리'는 기후변화라고 진단하고 있다(『연합뉴스』 2015. 9. 21). "물도 식량도 없이 오로지 생존을 위해 한 부족이 다른 부족과 싸우는" 이유를 간단히 설명하기는 쉽지 않겠지만, 그 근본적인 원인 중에 하나가 기후변화라는 점을 부정할 수 없다. 이는 프란치스코 교황이 회칙『찬미 받으소서』에서 기후변화에 대한 우려를 표명하면서 언급했던 문제이기도 하다. 국제사회의 일각에서는 그들을 '기후난민'Climate refuge이라고 부르자고 제안하고 있다.

그런데 미국과 같은 나라들은 이들을 자신들의 안보를 위협하는 존재로 간주하기도 한다. 다음은 최근까지 온실가스를 가장 많이 배출하던 미국의 국방 보고서에 담긴 문장이다.

> 절박한 위치에 놓인 사람들이 자신들의 상황에 맞도록 개조할 수 있는 자원을 보유한 미국과 같은 지역에서 더 나은 삶의 기회를 얻고자 하는 한, 기후변화는 대규모 이주를 유발할 정도로 매우 심각한 문제가 될 수 있다(2003년 국방 보고서; 앤드루 로스, 2016: 259쪽에서 재인용).

앞의 인용에서 군인들이 기후변화 회의의 새로운 참가자 유형으로 자주 등장한다는 문장을 이제는 충분히 이해할 수 있게 되었다. 북극곰의 이미지로는 충분히 담아내기 힘든 일들이 기후변화와 연결되어 일어나고 있는 것이다. 그러나 군인이 등장하는 안보 담론을 통해서 기후변화라는 '사회적 참극'을 이야기하는 것은 위험하다. 국경을 봉쇄하고 난민을 쫓아내는 이야기로 쉽게 흘러 들어갈 안보 담론 말고, 기후위기를 이야기할 수 있는 더 나은 방법은 없을까. 사회적 불평등으로 기후위기를 이야기해 볼 수 있을지도 모른다.

2장

누가 피해를 겪고 있는가?

우리는 기후변화를 초래하지 않았는데도, 원주민 토지 곳곳에서 명확하게 나타나고 있는 것처럼 기후변화가 가져오는 최악의 영향으로 고통 받고 있다. 기후변화는 우리의 생존을 위협하고 있다(원주민 기후변화 국제포럼, 2007: 241).[*]

기후불평등 혹은 환경제국주의

기후변화는 지구에 살고 있는 모든 이들에게 직간접적인 영향을 미치며, 인간들의 생존 기반을 위협하면서, 지금까지 누렸

---

[*] 원주민 기후변화 국제포럼은 전 세계 3억 5,000만 명의 원주민들을 대표할 뿐 아니라 전 세계 생물다양성의 80% 이상을 차지하는 삼림이 자신들의 영토 안에 있으며 전 세계 문화다양성의 90%를 구성하고 있다는 점을 강조하고 있다.

던 삶의 방식을 지속하기 어렵게 만들고 있다. 그것이 기후변화로 인한 환경의 변화 때문이든, 아니면 기후변화를 완화하기 위한 온실가스 감축 정책의 결과이든 말이다. 그래서 기후위기는 우리 모두의 문제라고 이야기한다. 틀린 말은 아니다. 그러나 기후변화에 따른 영향의 정도는 모두에게 동일하지 않다. 현 세대보다 미래 세대, 그리고 기성세대보다 청소년 세대에게 더욱 가혹할 것이다. 그리고 현 세대일지라도, 지구상의 모든 국가와 사람들에게 동일하지도 않다. 기후변화로 인한 피해에 더 취약하며 더 큰 고통을 당하고 있는 국가와 사람들이 따로 있다.

불행하게도 그 피해와 고통의 크기는 온실가스 배출 책임의 크기와는 무관하다. 오히려 온실가스를 거의 배출하지 않고 있는 국가와 사람들이 기후변화에 가장 취약하며 더 큰 피해를 겪고 있다(Wheeler, 2011; 박병도, 2019). 조천호(2019a: 202)에 의하면, 온실가스의 약 70%는 세계 인구의 20% 이하인 선진국들이 배출하면서, 기후변화 피해는 온실가스의 약 3%만을 배출하는 저위도 개발도상국의 10억 명이 겪고 있다. 유엔 사무총장 같은 이들은 이런 모순을 '아이러니'라고 온건히 말하고 있지만(『뉴시스』 2017. 7. 28), 일부 사회운동가들과 연구자들은 '기후불평등'climate inequality 혹은 '기후불의'climate injustice라고 부르거나 '환경제국주의'의 결과라고 비판하고 있다(윤순진, 2008; 이안 앵거스, 2012; 이진우, 2016; 박병도, 2013, 2019).

그 실상을 좀 더 살펴보자. 십여 년 전 한 유엔 기구(UNDP, 2007)는 2000년에서 2004년까지 해마다 평균 개발도상국 주민들의 19명 중 1명이 기후재난으로 피해를 입었지만, OECD 국가의 경우 피해자는 1,500명 중 1명뿐이었다고 분석하였다. 특히 저위도의 개발도상국 주민들이 대부분의 피해를 겪고 있는 것이다(윤순진, 2008).[*] 이러한 현상은 2000년대 초반의 일시적인 것이 아니다. 저면워치German Watch라는 국제적 비정부기구는 태풍, 홍수, 열파 등으로 인한 세계 각국의 사망자와 경제적 손실을 평가하여 매년 기후위험지표Climate Risk Index: CRI 보고서를 발간하고 있다. 저면워치의 최근 보고서(Eckstein, David, etc al., 2019)에 의하면 1999년부터 2018년까지 기후변화로 인해서 가장 피해를 받은 10개 국가는 모두 아시아와 남미의 개발도상국들이었다: 푸에르토리코, 미얀마, 아이티, 필리핀, 파

---

[*] 그렇다면 기후변화에 취약한 개발도상국들은 얼마나 피해를 받고 있을까? 한 연구자는 한국 정부가 집중적으로 지원하고 있는 아시아, 아프리카, 중남미 등의 24개 개발도상국의 기후변화 피해 상황을 분석하였다. 2004년에서 2015년까지 이들 국가가 경험한 기후 관련 재해를 보면, 768건의 재해가 발생하였으며 이로 인하여 186,495명이 사망하였고 281만 명이 피해를 보았다. 이러한 피해의 대부분은 홍수, 폭풍해일, 연안침수 등에 의한 것이었다(홍은경, 2016).

키스탄, 베트남, 방글라데시, 태국, 네팔 그리고 도미니카. 연간 배출량, 1인당 온실가스 배출량과 누적 배출량 등 모든 지표를 보았을 때, 기후위기의 책임을 묻기 힘든 나라들이다. 이들 국가들은 저위도 지역에 위치해서 더 극심한 기후변동에 노출되기도 하지만, 이에 대비하고 대응하며 복구할 수 있는 적응 능력도 취약하다.* 당연하다고 해야 할지 모르겠지만, 이 목록에는 대개 미국이나 유럽 산업국들과 같은 온실가스 다배출 국가들은 올라가 있지 않다. 이들 국가들은 기후변화 재난이 일어난다고 하더라도 이에 대응할 만한 기술, 재정, 그리고 사회적 역량이 상대적으로 높기 때문이다.

'20세기 최악의 범죄'는 왜 벌어졌나

이러한 기후불의는 전 세계에서 끔찍한 학살을 동반한 사회적 참극으로까지 발전하고 있다. 2007년에 발생한 수단 다르푸르 사태는 그해 약 40만 명의 사망자와 250여만 명의 이주민을

---

* 기후위기에 따른 재난 취약성과 인권, 역량 접근에 대한 설명은 홍덕화(2020: 316~319)를 참고할 수 있다.

발생시킨 '20세기 최악의 범죄'로 꼽히고 있다(『조선일보』 2019. 4. 12). 이 비극은 1990년대부터 시작된 가뭄의 영향으로 농작물 수확량이 크게 줄어들면서, 물을 찾아 나선 부족과 이를 지키려는 토박이 부족 간의 갈등이 심화되어 끝내 발생한 결과다(『한겨레』 2007. 8. 24).

또한 현재 지구상에서 가장 비극적인 장소라고 할 수 있는 시리아 내전과 유럽으로 향하고 있는 난민들의 고통스럽고 때로는 죽음에 이르게 하는 행렬도 기후변화와 연계되어 있다. 2011년에 시작된 내전은 '비옥한 초승달 지역'이라 불리던 시리아가 2007~2010년에 겪은, 기상관측 사상 최악의 가뭄과 그로부터 시작된 정치적 불안에서 발화된 것이다(『연합뉴스』 2015. 9. 21; 『동아일보』 2018. 9. 12). 생계를 위해 도시로 몰려든 농촌 주민들과 그들의 어려운 생활고를 해결해 주기는커녕 탄압했던 정권의 폭압은 언제든 격변을 만들어 내기에 충분했다.

여기에 불을 지른 것은 러시아 곡창 지대에 든 가뭄으로 밀 수출을 중단하면서 이에 의존하던 아랍 국가들에서 발생한 식량 가격의 폭등이었다.* 빵 가격 폭등으로 튀니지에서 시작된

---

* 조천호(전 국립기상과학기술원장)의 카이스트 인류세센터 콜로키움(2019. 4. 25; 대전 카이스트)의 발표 내용.

'아랍의 봄'은 주변국으로 확산되었고, 시리아에서는 정부군의 무차별 폭탄 공습과 극단주의 무장 세력들의 잔학 행위가 판치는 지옥도로 바뀌었다. 그리고 살아남기 위해 고향을 떠난 수백만 명은 '기후난민'이라는 이름으로 바다와 육로로 유럽을 향하다가 갇히고, 두들겨 맞고, 되돌려 보내지고 있다. 기후변화로 인한 물과 식량 부족, 그리고 그것을 둘러싼 갈등은 언제든 다른 취약한 국가에서 유사한 참극을 빚어 낼 수 있다.* 이와 같은 상황 때문에, 최근 들어 인권 연구자들은 "기후변화는 인권 문제"일 뿐만 아니라 "인권 침해의 주범 중 주범"이라고 선언하고 있다(조효제, 2015; 박병도, 2013, 2019).**

---

* 미국 콜롬비아 대학의 리처드 시거 교수는 2015년 「비옥한 초승달 지대의 기후변화와 시리아 최근 가뭄의 시사점」이라는 논문에서 시리아 난민 사태의 가장 근본적인 원흉이 기후변화라고 결론을 내렸다. 또한 시거 교수는 영국 『인디펜던트』와의 인터뷰에서 "사회, 종교, 민족을 둘러싸고 어떤 전쟁이 일어날지 모르겠으나, 수자원 감소는 그 가능성을 높인다"고 말했다. 그는 시리아뿐만 아니라 레바논, 요르단, 이스라엘, 이란 등지에서도 기후변화가 정치적 안정성을 해칠 우려가 있다고 진단했다. 또 남수단, 민주콩고, 나이지리아 등 아프리카 사하라 남부에 있는 국가나 멕시코 등 중미 국가들도 기후변화로 정치가 위협받는 곳으로 거론되고 있다(『연합뉴스』 2015. 9. 21).

** 유엔 인권이사회는 기후변화로 위협받을 수 있는 인권 항목으로 생명권, 건강권, 적절한 식량에 대한 권리, 물에 대한 권리, 적절한 주거에 대한 권리, 자결권 등을 꼽고 있다(박병도, 2019).

기후불의는 한 국가 안에서도

기후불의는 국제적 차원에서만 나타나는 것이 아니다. 한 국가 내에서도 심각한 기후불의가 발견되며 더욱 도드라진다. 오히려 같은 지리적 공간 안에 위치해 동일한 기후재난에 직면해도 사회경제적 격차에 따라 그 재난의 영향이 극명하게 갈리기 때문이다. 예컨대 2005년도 미국 뉴올리언스를 강타했던 허리케인 카트리나가 야기한 피해 양상은 사회경제적으로 큰 차이를 보여주었다. 비슷한 강도의 허리케인이 다른 지역에 준 것보다 훨씬 큰 피해를 뉴올리언스 주민들이 겪게 된 것은 그 지역의 심각한 빈곤, 낮은 교육 수준과 취약한 교통 인프라 등을 고려해야만 설명이 가능하다(박병도, 2019: 119).* 또한 2012년에 미국 동부 해안에 상륙하여 커다란 피해를 안긴 허리케인 샌디 때도 마찬가지였다. 역시나 사회적 취약 계층을 향한 구호와 복구 손길은 가장 늦었다. "1950년대 이후 뉴욕 주 당국이 빈민들과 사회적 기여가 전혀 없다고 판단한 사람들(복지 혜

---

* 카트리나 재난 당시 인근 시체 안치소에 수용된 사망자의 총 64%가 65세 이상으로 집계되었다. 65세 이상의 인구 비율이 전체의 약 15%였다는 점을 감안하면 노인과 같은 생물학적 취약 계층이 훨씬 높은 위험에 처해 있다는 점을 보여준다(박병도, 2019: 119)

택 수혜자, 노인, 시설에서 방면된 정신 질환자들)을 몰아넣은" 라커웨이 지역의 주민들은 가장 늦게서야 도움을 받을 수 있었다. 정부 당국과 대규모 구호 단체는 부유한 구역에만 집중했기 때문이다(나오미 클라인, 2016: 156).

한국도 크게 다르지 않다. 예컨대 '쪽방촌 사람들'로 상징되는 사회경제적 취약 계층이 배출하는 온실가스 양은 극히 적겠지만, 낡고 불량한 주거 공간 탓에 기후변화에 따른 폭염과 한파 등에 가장 취약한 상태로 남겨져 있다(김원, 2018). 뿐만 아니라 사회경제적 약자인 농민과 노동자들, 특히 기상 변화에 민감한 이들에게도 기후변화는 치명적이다. 수입 농산물 등으로 어려움을 겪고 있는 농민들은 봄철 냉해와 긴 장마, 태풍 등으로 농사를 망치면서 더욱 어려움에 처하고 있다. 또한 건설 노동자들은 여름철 폭염에 때로는 목숨마저 잃고 있으며, 긴 장마나 강추위 때문에 작업을 하지 못해 경제적 수입을 잃기도 한다(『한겨레』 2020. 11. 26). 이런 어려움을 견디게 해 줄 정부의 제도적 장치는 취약하고 기업들은 무관심하다.

이런 상황은 미래에도 지속될 것이라 우울하게 전망되고 있다. 최근 기상청 및 환경부가 발표한 「한국 기후변화 보고서 2020」에 따르면, 기후위기가 심화되면 현재 연간 10.1일인 폭염일 수가 35.5일로 3배 이상 증가할 것으로 전망된다. 폭염일

수의 증가는 사망 위험의 증가로 이어지는데, 폭염에 의한 하절기 사망률이 2011년 10만 명당 100.6명에서 2040년에는 230.4명으로 증가할 것으로 예측되었다. 그런데 이런 사망자는 "여성과 65세 이상 노인, 교육 수준이 낮은 인구 집단, 심뇌혈관이나 호흡기계 질환 등 만성질환자" 등, 사회적 약자 계층에 집중될 것이라 분석되었다(『경향신문』 2020. 7. 29).

필리핀의 비극과 다국적 석유 기업들

2013년 슈퍼 태풍 하이옌이 필리핀을 강타했다. 공식 기록으로 6,300명이 사망했고, 생존자들은 "2시간 만에 10,000명의 사람들을 잃었"다고 기억한다. 어민들은 해수면이 높아지고 수온도 올라가, 잡을 수 있는 물고기도 줄어들고 있다고 증언한다. 필리핀은 기후변화에 가장 취약한 국가로 분류되며 실제로 많은 피해를 받고 있지만, 이 국가가 배출한 온실가스 양은 미미하다. 기후불의의 한복판에 필리핀이 놓여 있다.

피해를 입은 필리핀 사람들은 쉘, 쉐브론, 엑손, 토탈 등과 같은 거대 다국적기업들의 온실가스 배출량이 자신들의 인권을 침해했다고 주장하며 국가인권위원회에 청원을 넣으면서, 국제적인 기후정의 투쟁의 한복판에 섰다. 2016년에 이루어진 이 청원은 석유, 석탄, 가스, 시멘트 산업의 47개 다국적기업들을 상대로 한 최초의 법적 조치인데, 아직 최종적인 결론은 나지 않았지만 1차적인 성공을 거두었다고 평가받고 있다. 최종 보고서를 위한 예비적 결정에서, "탄소 대기업들이 기후변화와 그에 따른 영향에 있어서 분명한 역할을 했다는 청원인들의 입장을 입증하였고, 기업들은 이에 책임이 있다"는 점이 확인되었기 때문이다(Paudac, 2020).

3장

어떤 배출인가? — 사치 대 생존*

개발도상국의 책임? : 메탄을 둘러싼 논쟁

기후불의에 대한 비판은 오랫동안 이어져 온 국제적 불평등을 배경으로 발전하고 있다. 즉 세계 경제를 좌지우지하면서 풍요를 구가하는 선진산업국들과 빈곤의 늪에서 벗어나기 힘든 개발도상국 및 저개발국 사이의 대립과 갈등이 기후변화라는 새로운 장에서 반복된다. 지금은 기후변화의 책임 대부분이 선진산업국들에 있다는 점을 부정하기 어렵지만, 국제사회가 기후변화를 다루기 시작한 초기에는 그 책임 소재가 불명확했다. 오히려 기후변화를 야기하는 온실가스가 무엇이며, 누가 얼마

---

* 이 장은 한재각(2010)을 요약하고 보완한 것이다.

나 배출하고 있는지를 산정하는 과학적 지식의 미비 혹은 왜곡으로 인해, 기후변화의 책임이 인도와 같은 개발도상국들에게 전가되고 있었다. 그리고 이를 선진산업국의 연구기관들이 뒷받침하였다. 특히 온실가스 중 하나로 지목되었던 메탄을 두고, 선진산업국과 개발도상국 과학자들 사이에 벌어진 논쟁이 이런 상황을 잘 보여준다.

인위적으로 배출되는 메탄의 대부분이 소와 같은 반추동물의 장내 발효 과정이나 논과 같은 인공 습지에서 배출된다는 사실은 이산화탄소와는 다른 방식으로 국제정치에서 중요한 쟁점을 형성하였다. 화석연료를 이용한 산업 활동이 많은 선진국들이 이산화탄소를 많이 배출하는 반면, 농업의 비중이 큰 개발도상국과 저개발국은 메탄의 비중이 상대적으로 크다. 예를 들어 세계자원연구소WRI에 의하면, 선진국의 온실가스 배출 중 메탄의 비중은 11%인 반면, 개발도상국과 저개발국의 비중은 각각 16%와 21%에 달한다(2000년 현재; Baumert et. al., 2005). 또한 벼논과 가축에서 배출되는 메탄의 상당량이 아시아 국가에 집중되어 있다고 추정되었다. 역시 WRI에 의하면 벼논에서 배출되는 메탄 전체 6천6백만 톤 중 94%에 해당하는 6천2백만 톤이 아시아 지역에서 배출되며, 가축에서 배출되는 7천6백만 톤의 30%인 2천6백만 톤도 아시아 지역에서 배출된다(1987년 현재). 이에 따라서 기후변화 국제 협상에서 메탄은 개발도상국과 저개발국의 책임을 강조할 수 있는 일종의 약점으로 부각되고 있었다.

그러나 인도 과학환경센터CSE의 과학자들이 "개발도상국들이 벼를 재배하고 가축(소)을 키우는 것을 포기해야 하느냐"며 반박하고 나서면서(Ahuja, 1992: 87), 1990년대 초반의 소위 'WRI-CSE 논쟁'이 일어났다(박희제, 2008). WRI는 1990년에 온실가스 국가별 책임을 '객관적으로' 드러내기 위한 온실지수Greenhouse Index: GI라는 것을 제시하였다. 이 지수에 의한 평가에 따르면 1987년 현재 미국과 소련에 이어, 브라질, 중국, 인도가 온실가스 배출을 통한 지구온난화에 보다 큰 책임을 져야 했다. 객관적인 과학적 계산의 결과라고 제시된 이 주장은 개발도상국, 특히 인도의 과학자들에게는 그대로 수용되기 어려운 것이었다. 이들은 WRI 보고서가 온실가스 배출의 역사적 책임과 개발도상국의 생존권 등을 인정하지 않는 '환경식민주의'Environmental Colonialism의 결과라고 비난하였다(Agrawal and Narain, 1991). 이들은 WRI의 계산에서, 화석연료 연소로 발생하는 온실가스인 이산화탄소와 쌀 경작(그리고 밭갈이용 소 사육)에 의해 발생하는 메탄을 단순히 비교할 수 없다고 주장하였다. 그러면서 부국의 '사치성 배출'과 빈국의 '생존형 배출'을

[그림 1] WRI-CSE 논쟁을 야기한 두 보고서

세계지원연구소(WRI) 보고서

『세계 자원』1990-91년 호

· 기후변화 특집호
· 라틴아메리카를 포함
  146개국의 핵심 데이터

지구 환경을 위한 가이드

인도 과학환경센터(CSE) 보고서

『불평등한 세상의 지구 온난화』

환경제국주의의 한 가지 사례
"어이, 친구! 온실효과를 막기 위해서
나무를 보호하는 것이 필요하다고!"

(그림 속 차 번호판 : 선진국들)

구별해야 한다는 유명한 말을 남겼다. 이 논쟁은 기후변화 책임의 규명이 생각보다 자명한 일이 아니라 과학 논쟁 속에 있을 수 있다는 점과 함께, 그 과학 논쟁 역시도 기후정의의 눈으로 살펴보고 해석해야 한다는 점을 보여준다.[*]

기후부채, 누가 갚아야 하나

역사적으로 기후변화를 야기하는 온실가스를 다량 배출하여 대기 중에 축적해 온 것이 선진산업국들인 반면 기후변화로 인한 피해는 대부분 개발도상국들이 겪고 있다는 점을 받아들인다면, 국제 협상은 선진국들의 책임을 묻는 공간으로 변모할 수도 있다. 1992년에 체결된 유엔 기후변화협약은 '공동의 차별화된 책임'이라는 원칙을 포함하면서 이런 문제의식의 일부를 받아들였다. 즉 '지구호'에 동승한 승객으로서 우리 모두의

---

[*] 국제 과학계에서는 아프리카, 아시아, 남미 대륙과 같이 기후변화에 가장 취약한 국가의 피해(예를 들어 해수면 상승에 따른 피해) 가능성과 현황에 대한 연구는 이루어지지 않은 채, 북미와 유럽에 대한 연구만 지속적으로 이루어지고 있다. 이 때문에 정작 과학적 정보가 더 절실한 국가의 사람들은 과학으로부터 도움을 받지 못하고 있는 것이다. 이런 상황도 기후정의 관점의 질문을 과학계에 던지게 만든다(Berwyn, 2012).

책임이지만, 역사적으로 온실가스를 많이 배출해 온 선진국들에게 더 많은 책임을 지웠던 것이다. 이런 원칙하에 도쿄 의정서에서는 선진국들(정확히는 부속서 I 국가)에게만 의무적인 감축목표를 부과하였으며, 이후 협상들에서 저개발국과 개발도상국들에 대한 기술과 재정 지원 제도를 지속적으로 논의하고 조금씩 확대해 왔던 것이다. 또한 선진국들에게 기후변화를 야기한 책임을 물어 보상하라고 요구할 수도 있게 되었다. 실제 파리 협정 협상 과정에서 개발도상국들은 '손실과 피해'에 대한 보상을 요구하며 팽팽한 논쟁을 벌였다. 그러나 국제사회에서 불균등한 힘의 차이로 선진산업국의 책임에 따른 보상을 실제로 강제해 내지는 못했다(이승준, 2016: 12~14).

보상 대신 자발적 지원을 약속하고 있을 뿐이지만, 2009년 코펜하겐 기후변화협약 당사국 총회에서 약속한 선진국들의 녹색기후기금GCF은 아직도 채워지지 않았다. 2020년까지 개발도상국의 기후행동을 지원하기 위해서 선진산업국들이 연간 1천만 달러를 모으기로 합의한 녹색기후기금의 조성 금액은 2018년 말까지 총 102억 달러에 불과한 상황이다(외교부, 2019). 그 사이에 기후변화는 더욱 심각해지고, 개발도상국들의 피해는 가속화하고 있다.

이런 상황에서, 기후변화에 가장 취약한 개발도상국 사람들은 '기후부채'climate debt라는 개념을 제시하고 있다. 2009년 코펜하겐 기후변화 국제 협상에서 볼리비아 등이 제안한 것으로, 선진국들이 기후변화를 야기한 책임을 보다 명확히 하고 그것을 단지 도덕적 측면에서만이 아니라 법률, 정치, 재정의 측면에서 다룰 것을 요구한 것이다(볼리비아, 2009). 다시 말해 지금까지 선진산업국들이 대기 중에 배출하고 축적해 온 온실가스 배출량에 비례하여 개발도상국에 갚아야 할 부채를 지고 있으니, 그것을 갚으라는 주장이다. 한 분석에 의하면, 미국은 9조 7천억 달러의 순기후부채net climate debt를 가지고 있으며, 독일 2조 3천억 달러, 영국 2조 1천억 달러 등 북반구 선진산업국은 모두 순기후채무국이다. 반면에 순기후채권net climate credit 국가 1순위는 인도로서 총 6조 5천억 달러의 빚을 받아야 하며, 중국도 2조 3천억 달러의 기후채권을 가지고 있다(2006년 현재; 앤드루 로스, 2016: 247).*

기후부채는 1992년 리우 회의를 앞두고 칠레의 '정치생태학연구소'가 제안한 개념인 '생태부채'ecological debt의 하나라고 할 수 있다. 생태부채는 선진산업국들이 개발도상국들에게 다

---

* 한국도 기후채무국으로 분류된다. 자세한 내용은 Climate Debt, Climate Credit 웹사이트를 참조. https://sites.google.com/site/climatedebtclimatecredit/home (2020. 6. 10. 방문)

양한 방식으로 지운 고리대금과 같은 금융 착취에 대항하려는 개발도상국들의 대응 전략이었다. 생태부채론자들은 "(제3세계에서 활동하는) 채굴산업으로 인한 자원 약탈과 그 부수물인 일체의 공해 및 생물다양성 훼손에서 노예무역과 식민전쟁에 따른 인구 감소까지를 포괄"하여 셈하고 있으며 "오늘날 식물과 농업으로부터 유전자 자원을 약탈하는 생물 해적 행위"로까지 주장 범위를 넓히고 있다(앤드루 로스, 2016: 245). 이런 생태부채를 모두 계산하면 제3세계 국가들은 선진국에게 금융부채를 갚아야 할 채무국이 아니라, 오히려 빚을 받아 내야 할 채권국이 된다는 주장이다. 이런 주장은 불평등한 국제 질서를 근본적으로 바로잡아야 한다는 요구와 연결되어 있다. 생태부채 주장은 2010년 볼리비아 코차밤바에서 열린 '기후변화 세계민중회의'에서도 지지받았으며, 이때 채택된 선언문에서 북반구 선진국들의 기후부채 상환이 "기후변화에 대한 공정하고, 효과적이며, 과학적인 해법을 도출하기 위한 기본 원칙"임을 분명히 했다(World People's Conference on Climate Change and the Rights of Mother Earth 웹사이트).

메탄 이야기 : 공장식 축산과 육식 위주의 식단

1990년대 초 WRI-CSE 논쟁의 핵심 주제였던 메탄은 인도의 가난한 농민들이 생계를 위해 불가피하게 배출한 온실가스였다. 생존을 위해서 벼농사를 짓고 또 농사를 도울 소를 키운 결과다. 그러나 최근 들어 메탄은 비윤리적인 대규모 축산 산업과 사치스런 식생활 습관으로부터 비롯되는 온실가스로 재인식되고 있다. 사람들이 점점 더 많은 고기를 먹으면서, 전 세계 육류 생산량은 1961년 대략 7천만 톤 수준에서 2018년 3억 4천만 톤으로 4.8배 이상 급증하였다. 이에 따라서 농사용 가축이 아니라 고기 소비를 위한 가축이 크게 증가하였고, 그들의 장내 발효를 통해서 배출되는 메탄의 비중도 커진 것으로 추정된다. 한 연구에 의하면 전 세계 온실가스 배출량의 26%는 식품의 생산, 가공, 운송, 판매 과정에서 발생하고 있으며, 그중 30%는 소와 양 같은 반추동물의 트림과 방귀 등으로 배출되는 메탄 등이 차지하고 있다. 가축을 위한 토지 이용 변화와 곡물 생산(예를 들어, 아마존 열대 밀림의 벌목과 사료 곡물의 재배)에 의한 온실가스 배출까지 더하면, 식품 부문 배출량의 52%를 차지한다. 결국 전 세계 온실가스 배출의 13.5%가 육류 고기용을 포함한 가축 사육 과정에서 나오는 것이다(Poore and Nemecek, 2018).

이제 더 이상 메탄 배출은 생존을 위한 것이 아니라 대규모로 산업화된 축산 자본의 이윤 추구와 그에 길들여진 소비자들의 사치성 식단의 결과다. 많은 연구자들과 채식주의자들이 기후위기에 대응하기 위해서 육식을 줄이자고 제안하는 이유이기도 하다. 여기에 더해 메탄 배출량의 30%가 셰일가스와 같은 화석연료 채굴 과정에서 누출된 것이라는 점도 기억할 필요가 있다.

4장

기후정의 운동

국제 기후정의 운동의 출현

국제 협상장 안에서 지난 30년간 '공동의 차별화된 책임' 원칙의 적용을 두고 논쟁이 격렬했다면, 협상장 밖에서는 북미, 아시아, 아프리카, 유럽 등에서 태동하기 시작한 여러 환경·사회 운동들이 2000년대에 들어서면서 서로 연결되고 연대하면서 국제적인 기후정의 운동으로 성장하기 시작하였다(Tokar, 2013, 2019; 이진우, 2011). 특히 미국에서 발전한 환경정의 운동은 1990년대 중반부터 국지적인 환경오염과 계급·인종적 차별에 대한 저항을 넘어 전 지구적인 위기인 기후변화 문제까지 포괄하면서 기후정의 담론을 만들어 냈다.*

국제 기후정의 운동은 2002년에 인도네시아 발리에서 모습을 드러냈다. 이곳에 북남미, 아프리카, 아시아, 유럽 등에서 참석한 활동가들이 모여 채택한 27개 항의 '발리 기후정의 원칙' Bali Principles of Climate Justice이 그 출발점이라고 할 수 있다. 이 원칙은 미국의 환경정의 운동으로부터 영향을 받고 있다는 점을 명시적으로 밝히기는 했지만,** 여러 지역과 국가에서 성장해 온 여러 환경·사회운동들의 과제와 요구를 반영한 것이기도 하다. 특히 1990년대 말부터 신자유주의 세계화 흐름 속에서 석유 개발을 포함한 채굴 산업에 대한 토착민 등의 비판과 저항, 토지에 대한 권리 주장 등이 국제 기후정의 운동의 중심적 사안이 되었다. 한편 1997년에 채택된 교토 의정서의 배출

---

* 미국 환경정의 운동에 참여하고 있는 미국 샌프란시스코의 '기업 감시'(Corporate Watch)는 이미 1999년에 「온실 깡패 대 기후정의」(Greenhouse Gangsters vs. Climate Justice)라는 보고서를 발간하였다. 이 보고서는 지구온난화의 근본적 이유와 기업의 책임, 석유 개발의 파괴적 영향과 기후 재난에 영향을 받는 취약한 공동체에 대한 지원, 화석연료로부터의 정의로운 전환을 지원할 수 있는 공동체와 노조의 노력, 기업 중심의 세계화 및 세계은행과 WTO와 같은 국제 금융기구의 문제점 등을 지적하고 있다(Tokar, 2013).

** 국제적인 기후정의 운동은 미국에서 계급과 인종에 차별적으로 노출되는 환경 오염에 저항하면서 발전한 '환경정의' 운동과 개념으로부터 많은 영향을 받았다 (Tokar, 2013, 2019; 이진우, 2011). 대표적인 사례로 국제적인 기후정의 운동을 대표하는 첫 번째 문서로 평가할 수 있는 2002년 8월의 '발리 기후정의 원칙'은 1991년 미국에서 개최된 유색인종 환경정의 지도자 정상회의의 '환경정의 원칙' 을 참고했다고 밝히고 있다.

권 거래제에 대한 비판과 반대도 국제 기후정의 운동의 주요한 초점이 되었다. 시장을 활용한 접근에 내재된 부정의에 대해 깊은 우려를 가지고 있는 사회운동과 토착민 단체들은 2004년 남아프리카 더반에 모여 '탄소 거래에 대한 더반 선언'Durban Declaration on Carbon Trading 문안을 마련하고 전 세계 300여 개 단체들의 승인을 받았다.

기후위기의 진정한 해결책

2007년 인도네시아 발리에서 개최된 기후변화협약 당사국 회의에 맞춰 다시 모인 각 지역과 국가의 다양한 단체와 조직들은 협상장 안팎에서 기후정의를 주장하는 활동을 펼쳤다. 그 과정에서 기후변화의 피해를 경험하고 있는 공동체, 토착민, 여성, 소농 그리고 그들과 연대하는 사회운동들은 '기후정의네트워크'Climate Justice Now!라는 국제적 연대 조직을 결성하기에 이르렀다. 그리고 2010년까지 750개 국제적 단체들이 여기에 합류하였다(Tokar, 2013). 이들은 선진산업국들의 온실가스 배출에 대한 역사적 책임과 지속불가능한 생산과 소비 방식을 지적하면서, 저탄소 경제로의 전환을 시급히 추진하고, 동시에 개발도상국들이 탄소 집약적 산업화 모델에서 벗어나도록 자원과 기술을 지원할 것을 요구하였다. 그러나 기후변화 국제 협상장에서 선진산업국들은 탄소 배출 감축과 개발도상국에 대한 재정과 기술 이전 의무를 회피하기 위해 애를 썼으며, 개발도상국들은 경제성장을 추구하기 위해서 "민중과 자원에 관한 권리를 팔아 치우"는 데 바빴다(기후정의네트워크, 2008: 254).

국제 기후정의 운동은 단일한 전략적 방침을 가지고 있지는 않지만, 매년 열리는 유엔 기후변화 협상에 대한 개입, 화석연료 추출 산업에 대한 저항, 그리고 기업들이 주도하는 '잘못된 해결책'에 대한 비판이라는 세 개의 활동 방향을 가지고 있다 (Tokar, 2013: 137). 특히 기후정의네트워크는 기후협상장에서 힘을 얻고 있는 시장적 접근과 기업들이 내놓은 '잘못된 해결책'을 비판하면서 자신들의 '진정한 해결책'을 제시하는 데 주력하고 있다. 기후정의네트워크가 꼽는 잘못된 해결책들은 탄소 상쇄, 삼림에 대한 탄소 거래, 바이오연료, 대형 다목적 댐, 유전자 조작, 플랜테이션, 무역 자유화와 사유화 정책들로서(기후정의네트워크, 2007, 2008), 이런 시장 기반의 제도들은 기후변화협약의 '공동의 차별화된 책임', '세대 간 형평성' 그리고 '오염자 부담' 원칙을 훼손하며, 원주민, 농촌 및 어촌 공동체, 특히 여성들에게 피해를 가중시킨다고 주장하고 있다. 더욱이 탄소 거래제는 북반구 국가들이 "자국 내에서 배출 감축을 피하도록 정교하게 설계된 제도"(기후정의네트워크, 2008: 253)이며, 그 일환으로 추진되는 대형 댐이나 플랜테이션 등은 탄소 배출을 줄이는 데 실패할 뿐만 아니라 지역 공동체와 원주민을 희생시키고 자연 세계의 사유화와 기업화를 가속시킨다고 인식하고 있다. 이에 맞서 기후정의네트워크는 '진정한 해결책'을 다음과 같이 제시하고 있다.*

○ 지구적 북반구Global North와 남반구Global South 엘리트의 과도한 소비 축소

○ 역사적 책임과 '생태부채'에 기초해 군비 축소, 조세 혁신, 부채 탕감을 수단으로 북반구에서 남반구로 대규모 재정 이전

○ 화석연료 채굴의 중단, 그리고 숲 개간 및 개간의 근본 원인 종식

○ 에너지 효율, 공동체 주도의 재생가능에너지, 대중교통에 대한 투자 확대와 에너지 전환의 이행

---

* 기후정의네트워크의 발리 성명서(2007)과 포츠난 성명서(2008)에서 제시한 주장을 종합한 것이다.

○ 원주민의 '토지권'land rights을 강화하고 에너지, 삼림, 토지와 물 등의 천연자원에 관한 민중의 주권을 고취하는 권리 기반의 자원 보존

○ 지속가능한 가족농업과 식량주권의 이행

○ 생산과 소비를 재지역화하고 지역 시장을 우선할 것

○ 핵에너지와 '청정 석탄'과 같은 잘못된 해결책의 추가를 포기하고 산업 전환으로 피해를 보는 노동자와 다른 사람들의 권리 보호

○ 현재의 젠더 부정의를 인식하고 여성을 정책 결정 과정에 참여시켜 젠더 정의 보장

(기후정의네트워크, 2007, 2008).

남미 국가들에 의한 기후정의 운동 지지

한편 2000년대 후반에 들어서 국제적인 기후정의 운동은 '반자본주의'와 '반제국주의'의 기치를 내세운 볼리비아와 같은 남미의 몇몇 국가들을 통해 발언력을 확대해 나갔다(Tokar, 2019; 이진우, 2011). 남미 원주민 출신인 에보 모랄레스 볼리비아 대통령은 2007년 9월 미국 뉴욕에서 열린 유엔 기후회의

연설에서 지구와 인류의 종말을 초래할 "적들이 누구"인지 스스로 묻고, "지구를 파괴하는 시스템의 지속불가능한 발전"을 추구하는 "자본주의가 인류 최악의 적"이라고 답하였다(에보 모랄레스, 2007: 226). 그는 자본 축적과 자유무역을 추구하는 체제를 극복하고 인류, 생명, 그리고 지구를 지키는 국제 운동을 주창했다. 그 운동은 지구 대지를 인간에게 생명을 주는 어머니 같은 존재, 즉 파차마마Pachamama로 받아들이는 원주민 운동으로부터 출발해야 한다고 주장하면서, 다음과 같이 물었다. "원주민들을 제외하고 누가 자연, 천연자원 그리고 고대로부터 살아온 영토를 보존하기 위한 인류의 길을 가리킬 수 있겠는가?"(에보 모랄레스, 2007: 227). 원주민들에게 땅은 거래할 수 있는 상품이 아니며, 따라서 파차마마 혹은 그 일부인 대기를 상품화하여 거래하는 배출권 거래제도 역시 받아들일 수 없는 것이다. 또한 기후변화를 비롯한 지구적 환경 위기에서 벗어나기 위해 원주민들이 추구했던, 자연과 조화롭고 책임을 지는 '좋은 삶'Buen Vivir*을 추구해야 한다고 주장하였다.

---

* 이 개념은 20세기 말부터 21세기 초에 등장하여 이론화되기 시작하였다. 소련식 사회주의의 실패와 대안 패러다임의 부재, 그리고 민영화의 진전과 자연의 많은 영역이 상품화됨으로써 이루어진 자본주의적 근대화로 인한 폐해에 직면하여, 오래전에 잊히고 폄하되었던 원주민들의 실천과 전망에 눈을 돌리면서 만들

2010년, 국제 기후정의 운동은 볼리비아 모랄레스 대통령의 초대로 이루어진 코차밤바 민중회의에 모여 코펜하겐 합의와 첨예하게 대비되는 '민중 협정'People's Agreement을 채택하였다. 코차밤바 협정문은 1도(온실가스의 대기 중 농도 300ppm)의 전 지구 평균 기온상승 목표, 기후변화의 근본 원인으로서 자본주의 지목, 배출거래제 및 흡수원으로서의 숲의 상품화에 대한 반대를 천명하였다. 또한 '국제 기후환경 정의 재판소'International Climate and Environmental Justice Tribunal의 설치, 기후난민의 보호, 북반구 국가들이 남반부 국가들에게 지고 있는 '기후부채'의 이행 등을 촉구하였다.* 그러나 석유 채굴에 경제적으로 의존하고 있는 볼리비아 정부에 비판적인 대중운동은 공식 회의장 밖에서 모여야 했으며, 안타깝게도 협정문에 화석연료의 채굴을 반대한다는 목소리는 담기지 않았다(Tokar, 2013: 141).

어진 개념이다. '자아가 실현된 삶', '온화한 삶', '조화로운 삶', '숭고한 삶', '포용하는 삶' 또는 '삶의 지혜'와 같은 복합적인 의미를 가지는 개념이다. 보다 자세한 내용은 파블로 솔론(2018)를 참조할 것.
* 자세한 내용은 이진우(2011)와 World People's Conference on Climate Change and the Rights of Mother Earth 웹사이트를 참조할 것.

코펜하겐의 실패와 기후정의 운동의 성장

2009년 덴마크 코펜하겐에는 2012년에 끝나는 교토 의정서를 이어갈 포스트-2012 기후체제를 만들어 낼 희망과 기대를 품고 전 세계에서 사람들이 모여들었다. 때마침 미국 대통령이 바뀌면서 국제 협상에 대한 기대를 더욱 높여 주었다. 그러나 최대 온실가스 배출국, 미국과 중국 사이의 타협은 쉽지 않았다. 협상의 시간이 지나가면서 희망과 기대는 좌절로 변해 가기 시작하였다. 하지만 협상장 밖의 기후운동은 새로운 활력을 찾고 있었다. 서구 산업국의 주류 환경운동과 구분되는 지구적 기후정의 운동이 모습을 드러내기 시작한 것이다(이진우, 2011). 기후정의를 모토로 하는 '클리마 포럼'Klimaforum의 민중총회people's summit에 모인 5만 명의 인파, 그리고 "기후변화가 아니라 체제 변화"System Change, Not Climate Chnage라는 슬로건을 외치며 행진하는 10만여 명의 행렬이 그 성장을 보여주는 근거가 되었다(Tokar, 2013). 그럼에도 코펜하겐의 기후협상은 알맹이 없는 '합의'accord를 남긴 채 마무리되면서, 국제 기후정의 운동 역시 변화를 만들어 내지 못하고 스스로를 "실체가 아니라 잠재력이 있는 무엇으로 남았"을 뿐이라는 자괴감 어린 평가를 내놓기도 했다(Bullard and Müller 2012: 57; Tokar(2013: 140)에서 재인용).

그러나 기후정의 운동은 멈추어 서지 않았다. 세계 각국으로 돌아간 시위대들은 자신들의 운동 앞에 '기후정의'를 내세우고 있으며, 청소년 기후활동가 그레타 툰베리Greta Thunberg나 영국의 멸종저항XR과 같은 서구 사회의 움직임뿐만 아니라 '기후위기에 대한 남아시아 민중행동'SAPACC* 같은 비서구 지역과 국가에서도 기후정의 담론과 실천들이 심화·확장되고 있다.

특히 기후정의 운동은 국제적 협상장뿐만 아니라, 국가와 지역 내에서 기후불평등을 외면하는 정부와 기업에 대항해 싸우고 있다. 예를 들어 2016년부터 미국 노스다코타 주 스탠딩록 지역을 관통하는 송유관 건설을 저지하고 나선 원주민 부족의 농성과 미국 전역에 걸친 연대 투쟁이 그렇다.** 경제적 부를 누리지만 온실가스 배출의 책임을 외면하는 것은 선진산업국만이 아니라 한 국가 내의 거대기업과 부자들도 마찬가지라는 것을 깨닫는 것은 어려운 일이 아니다. 온실가스 감축 목표가 설정되면서, 어떤 부문이 얼마나 감축을 할 것인지, 또 누가 그 비

---

* 남아시아의 기후정의 운동 현황에 대해서는 Adve(2019)를 참조할 수 있다.
** 스탠딩록 지역 원주민들의 투쟁에 대한 짧지만 충실한 소개는 정은희(2016)를 참조할 수 있다.

용을 부담할 것인지 질문이 이어지고 있다. 또 기후변화가 점점 더 가시화되면서 그 때문에 피해를 입는 이들이 나타나기 시작했는데, 그들은 지금까지도 사회적 불평등과 차별에 시달렸던 이들이라는 것이 드러나고 있다. 미국의 기후정의 운동은 기후위기와 사회적 불평등이 근본적으로 연결되어 있기 때문에 동시에 해결해야 한다는 문제의식에서 그린뉴딜을 주장하기 시작했으며, 이는 다른 대륙과 국가에도 전파되고 있다.

②

계속
배출할 수 있는가

기후정의 운동은 기후위기 상황에 맞서는 운동이기도 하다. 인류가 직면한 기후위기는 한정된 세계에서 대량 생산과 소비의 무한정한 성장을 추구하는 자본주의 체제 내에서는 피할 수 없는 일이 되어 버렸다. 기후정의 운동이 과거 사회적 평등을 추구했던 사회운동과 차이를 가진다면, '성장의 한계'에 대해 명확히 이해한다는 점이다. 기후부정의를 바로잡는 일은 지금까지 세상을 지배해 왔던 성장주의와 결별하는 일이기도 하다.

5장

"파티는 끝났다!"

화석연료의 시대, 고에너지 사회의 시작

기후변화 문제는 화석연료에 기반을 둔 자본주의 성장 체제와 긴밀히 연계되어 있다. 오랜 기간 자연에너지에 의존하였던 인류의 생활 방식은 석탄, 석유 그리고 천연가스와 같은 화석연료의 이용으로 근본적으로 뒤바뀌게 되었다. 인류는 석탄을 활용하면서부터 가축에너지나 자연에너지를 훨씬 뛰어넘는 동력원을 가지게 되었다. 특히 석탄을 태워 동력을 얻는 증기기관이 발명되고 획기적으로 개량되면서 기술 문명이 단기간에 급속도로 발전하게 되었다. 이어 20세기에 들어서 석유를 본격적으로 사용하게 되면서 기술문명의 발전 속도는 더욱 가속화되었다. 특히 석유를 태워서 추진력을 얻는 내연기관 자동차를 비롯한 운송 수단의 등장은 지구적 차원에서 경관뿐 아니라 정치 체제까지도 바꿔 놓았다. 석유, 자동차 그리고 도로는 하나의 복합체를 구성하면서 성장하였으며, 지구적 차원에서 상품 교역과 노동력의 이동을 가능하게 하였다. 따라서 자본주의의 생산과 소비 체제, 나아가 정치 체제는 화석연료, 특히 석유의 이용과 뗄 수 없는 관계가 되었다(엘마 알트파터, 2007; 티머시 미첼, 2017).

또한 20세기는 전기의 시대이기도 했다. 편리하고 안전한 에너지로 칭송받는 전기 소비도 발전, 송전과 배전, 그리고 각종 가전제품까지 인프라, 상품, 규범과 문화로 이루어진 하나의 거대 시스템에 의해 뒷받침되고 있다. 초기에 석탄을 태우던 것에서 시작하여 수력, 석유, 천연가스 등을 이용하는 방식으로 확장되었으며, 20세기 중반에는 역사상 가장 논란이 많은 기술이라고 할 수 있는 핵에너지를 이용하는 방식으로까지 등장하였다. 전기의 이용 범위와 소비량도 급격히 확대되었다. 초기에는 등불을 대체할 목적으로 시작되어 점차 난방과 교통과 같은 전통적인 에너지 서비스 제공을 위해서 이용이 확대되었을 뿐만 아니라, 전자통신과 컴퓨터 등과 같은 새로운 부문의 등장에 결정적인 역할을 하였다.

사용하는 에너지의 종류는 역사를 구분하는 기준이 되기도

[그림 2] 세계 에너지 소비 현황 : 1800~2019년

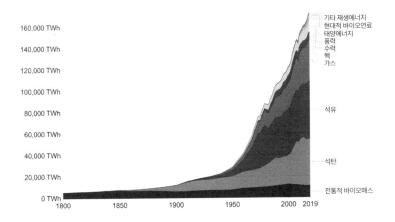

지구적 1차 에너지 소비 현황(에너지원별). 1차 에너지는 '대체 방법'에 기반을 두고 계산되었다. 이 방법은 화석연료 생산에 내재된 비효율성을 고려하고 있는데, 비화석 에너지가 화석연료와 같은 변환 손실을 가진다면 요구되는 에너지량으로 계산한 것이다.

(출처: Our World in Data. 자료원: 바실라프 스밀(2017) & BP 세계 에너지 통계 리뷰)

한다. 루이스 멈포드Lewis Mumford(1895~1990)는 인간의 역사를 크게 생태에너지기술 시대와 화석에너지기술 시대로 나눴다. 생태에너지기술 시대는 땔감, 하천 그리고 축력 등을 이용하는 시대로서 18세기 이전 인류의 역사 대부분을 차지하고 한다. 화석에너지기술 시대는 19세기부터 본격적으로 시작된 석탄, 석유 그리고 천연가스의 이용과 20세기에 들어서 시작된 핵에너지 이용이 지배적인 시대다. 그리고 이러한 시대 구분은 에너지 소비량에 따른 구분과도 연결된다. 즉, 생태에너지기술을 이용해서 얻을 수 있는 에너지 양이 제한적이어서 저底에너지 사회가 불가피했다면, 화석에너지기술과 핵에너지기술의 이용은 에너지 소비량을 거의 무제한적으로 늘려온 고高에너지 사회를 낳았다(그림 2 참조). 그리고 에너지 소비량의 증가를 인류 사회가 진보하고 있다는 것을 보여주는 대표적인 증거로 여겼을 뿐만 아니라, 한때 동시대의 여러 국가와 사회를 문명과 미개로 나누는 기준으로 활용하기도 했다.

에너지 소비는 계속 증가할 수 있나

그러나 에너지 소비가 무한정 늘어날 수 있을까? 그림 2의 곡선이 "지붕 뚫고 하이킥"을 할 수 있을까? 이미 오래전부터 인류의 에너지 사용 규모가 과연 지속 가능한지에 대한 회의감이 싹트기 시작했다. 1968년에 전 세계적으로 주목받은 『성장의 한계』의 출판, 그리고 이와 공명하는 근대 환경운동이 출현하기 시작하면서부터이다. 결정적으로 1973년에 발생한 오일쇼크는 그런 회의감에 직접적인 근거를 제공하였다. 값싼 석유를 풍족하게 소비하면서 그 사용량을 늘려 왔던 많은 국가들은 몇 달 사이에 배럴당 3달러에서 12달러로 4배 이상 폭등한 석유 가격에 큰 충격을 받았다. 주유소에 기름이 떨어질 것이라고는 상상하지 못했지만, 사람들은 긴 줄을 서야만 했다. 많은 국가들은 에너지 공급이 안정적으로 이루어져 왔던 지금까지의 풍족한 상황이 당연한 것이 아님을 깨닫게 된 것이다.* 하지

---

* 오일쇼크는 에너지 공급과 소비에 관해서 과거와 다른 혁신적인 사고를 이끌어 냈다. 대표적인 논자인, 당시 20대의 젊은 청년에 불과하였던 애모리 로빈스(Amory Lovins, 1947~)는 1976년에 쓴 글에서 '경성에너지 경로'(hard energy path)에서 벗어나서 '연성에너지 경로'(soft energy path)로 접어들어야 한다고 주장하였다(Lovins, 1976). 경성에너지 경로란 화석·핵에너지 기술에 기반을 두고 지속적으로 증가하는 에너지 소비를 충족시키는 대규모 중앙집중적인 에너지 시스템을 의미하였다. 이런 시스템은 오일쇼크와 같은 외부 충격에 대단히 취약하며, 이를 유지하기 위해서 국가와 기업 권력이 강화되면서 민주주의를 위협할 것이라고 평가하였다. 반면에 연성에너지 경로는 에너지 소비량 자체를 차츰 줄여 가면서 소규모 분산적인 재생에너지 기술로 공급하는 시스템을 의미하며, 민

만 1970년대 오일쇼크의 충격은 지나갔고 1980년대에 들어 다시 저유가의 달콤한 시간을 즐기면서, 화석연료에 기반을 둔 에너지 시스템의 지속불가능성 문제는 잊히는 듯했다.

그러나 2000년대 들어 다시 고유가가 시작되면서, 사람들은 '석유정점'oil peak론을 통해 다시 지속불가능성 문제를 마주하게 되었다. '석유정점'은 석유 생산량이 더이상 증가하지 못하고 줄어드는 시점을 의미한다. 이 시점이 되면 생산량이 소비량을 충족시키지 못하기 때문에 석유 가격이 폭등하게 될 것이라고 석유정점론은 경고하였다. 다시 말해 '값싼 석유의 시대'가 끝나 간다는 것이다(이필렬, 2002; 리처드 하인버그, 2006). 미국 석유지질학자이자 석유회사 쉘에 고용되었던 킹 허버트M. King Hubbert(1903~1989) 박사에서 시작된 석유정점론은 점차 지지자를 넓혀 가고 있다. 연구자들마다 석유정점 시기는 조금씩 달라서, 2060년까지 시점을 멀리 잡거나 아니면 이미 그 시점이 지났다고 보는 이들도 있다. 보수적인 국제에너지기구IEA는 재래식 석유의 정점은 2006년에 지났다고 보고 있으나, 샌드오일sand oil과 같은 비재래식 석유를 추출하여 쓰면서 전체적

주주의와 부합하는 시스템이라고 주장하였다. 로빈스의 주장은 현대의 '에너지 전환'론의 원형이라고 할 수 있다(한재각, 2018).

인 정점은 미리 미뤄지고 있다고 분석한다.*

석유정점론을 반박하는 이들도 있다. 석유 생산량이 떨어져 공급이 부족하면 석유 가격이 상승하게 될 것이고, 시장은 새로운 추출 기술을 찾아내어, 땅 속에서 꺼내지 못한 석유를 사용할 수 있게 될 것이라고 그들은 주장하고 있다. 예를 들어 기존에 생산성이 낮았던 유정을 석유회수증진Enhanced Oil Recovery: EOR 기술을 이용하여 다시 가동하게 될 것이라고 주장한다. 이런 추가적인 작업에는 막대한 비용이 소요되지만 그것을 상쇄할 만큼 석유 가격이 상승한다면 경제성을 갖추게 되며, 결국 석유 생산량을 증가시킬 수 있다는 것이다. 뿐만 아니라 전통적인 석유에 비해서 비용이 많이 들었던 샌드오일 같은 비재래식 석유도 비슷한 방식으로 채산성이 보장되면서 석유 생산량을 증가시킬 것이라고 주장하고 있다. 최근 들어서 주목받고 있는 '셰일가스'shale gas도 마찬가지다. 매장 사실은 알고 있었지만 채산성을 맞출 수 없어 버려둔 것이었는데, 천연가스 가격이 높아지면서 새로운 기술을 통해 추출하여 사용하고 있는 사

---

* 석유정점론의 최신 논의를 검토한 국문 문헌으로는 김현우(2016)를 참조할 수 있다.

례라고 할 수 있다.*

에너지 수지를 맞출 수 없다

샌드오일이나 셰일가스 등의 채굴 과정에서 야기되는 환경적·사회적 문제를 논외로 하더라도, 이것으로 에너지 문제를 해결할 수 있을지는 장담할 수 없다.** 즉 공급 부족으로 석유 가격이 상승하면서, 경제성이 낮아 유정들 안에 남아 있던 석유를 마저 퍼 올린다고 하더라도, 이를 위해 투입되는 추가적인 에너지 양이 그 유정으로부터 생산되는 에너지 양에 비해서 점점 많아진다면 실제 사용 가능한 순에너지net energy 양은 줄어들기

---

* 이외에도 전기차 등의 보급이 확대되어 교통 부문의 석유 소비량이 줄어들면서 석유정점론 근거가 약화된다는 주장이 있다. 즉, 지속적으로 증가하는 소비라는 석유정점론의 전제 자체가 유지되기 힘들 것이라는 비판이다. 그러나 전기차 보급으로 석유 소비량이 줄어들 것이라는 주장도 가설에 해당할 것이다. 전기차 보급이 초기 단계라고 평가할 수는 있겠지만, 적어도 현재까지 전 세계 석유 소비량은 계속 증가하고 있다. 한편 전기차의 보급으로 석유의 사용량이 줄어들 수 있어도, 에너지 소비량 자체가 줄지 않는다는 점에서 석유정점론에 대한 근본적인 반박은 될 수 없다.

** '탄소예산' 개념으로, 매장이 확인된 화석연료를 채굴하지 말아야 할 이유에 대한 설명은 이 책의 8장에서 확인할 수 있다.

때문이다. 석유 가격의 상승으로 채산성이 낮은 유정을 개발할 수 있다고 하더라도, 더 많은 에너지를 사용해야 한다면, 그것은 석유정점의 시기를 더욱 앞당기게 할 가능성이 높다.

이런 문제를 분석하기 위해서 순에너지율Energy Returned on Energy Invested : EROEI이라는 개념이 사용된다.* 예를 들어 지층 안의 암반에 액체 상태로 고여 있는 전통적인 석유의 경우에는 EROEI가 상대적으로 높은 편이지만, 비전통적 석유로서 기대를 모으는 타르샌드Tar sands의 EROEI는 크게 낮아진다. 시간이 지나 손쉽게 채굴할 수 있는 유정이 고갈되면서 대체 개발되는 에너지원의 EROEI가 계속 낮아지는 것, 즉 'EROEI의 절벽 현상'은 고高에너지 사회를 유지하는 데 필요한 에너지를 얻기 위해서 점점 더 많은 에너지를 소비하게 된다는 것을 의미한다 (그림 3 참조).

석유정점론과 'EROEI 절벽 현상'의 함의는 무엇일까? '석유 시대의 종말'을 이야기하고 있는 연구자이자 활동가인 리처드

---

* EROEI란 한 에너지 생산 과정으로부터 얻어진 전체 에너지와 그 에너지를 얻기 위해서 사용된 에너지의 비율로서 정의된다. 이론상 EROEI가 1보다 커야 의미 있는 에너지로 사용할 수 있으며, 최소한 5~10 정도가 되어야 실제 이용 가능한 에너지라고 평가받는다. 수식으로 표현하면 다음과 같다. EROEI＝얻어진 에너지/그 에너지를 얻기 위해서 사용한 에너지. EROEI는 EROI로 약칭하기도 한다.

[그림 3] EROEI 절벽

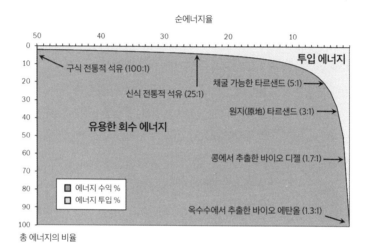

순에너지율

투입 에너지

구식 전통적 석유 (100:1)

신식 전통적 석유 (25:1)

채굴 가능한 타르샌드 (5:1)

원지(原地) 타르샌드 (3:1)

유용한 회수 에너지

콩에서 추출한 바이오 디젤 (1.7:1)

■ 에너지 수익 %
□ 에너지 투입 %

옥수수에서 추출한 바이오 에탄올 (1.3:1)

총 에너지의 비율

(출처: J. David Hughes, "Drill, Baby, Drill", http://www.resilience.org에서 재인용)

하인버그(2006)는 자신의 책에 "파티는 끝났다"The Party is over라는 제목을 붙였다. 값싼 석유로 흥청망청 벌여 온 파티는 끝났으며, 그런 파티를 이어 나갈 다른 에너지도 마땅하지 않다는 것이다. 우리는 석유를 포함한 화석연료에 의존하는 자본주의 문명과 결별해야 할 순간에 다다른 것이다. 게다가 그동안 태워 댄 화석연료로 인해서 유발된 거대한 위기도 코앞까지 다가와 있다.

일부 환경론자들은 재생에너지에 희망을 걸기도 한다. 화석연료를 대신하여 재생에너지를 이용하는 것은 기후위기를 넘어서기 위한 핵심적인 전략이기는 하지만, 그렇다고 만병통치약은 아니다. 문제는 지금과 같은 고에너지 사회를 재생에너지를 통해 유지할 수 있는가에 있다. 재생에너지는 에너지 밀도가 낮아서 EROEI도 상대적으로 낮기 때문에 지금과 같은 에너지 소비를 충족시킬 수 있을지 회의적이다.*

현재 유럽의 선진산업국들이 도전하고 있는 '생태적 근대화'론에 따른 '녹색경제' 전략은 그 가능성에 기대를 걸고 있지만, 재생에너지에 기반을 둔 성장주의 체제는 불가능하다. 그런 전

---

* 재생에너지의 EROEI는 대략 20:1에서 10:1 사이에 위치해 있다고 평가된다 (Mastini et al., 2021: 3; Kallis, 2017). 그림 3에서 바이오 연료의 EROEI는 2:1 미만으로 되어 있다.

략이 전 지구적 차원에서 기후위기를 극복하고 점차 심각해지는 국제적·사회적 불평등을 해결할 수 있을지도 부정적이다. 단순히 기술적 교체만으로는 부족하다.

6장

모든 것이 무너진다

화석연료의 사용, 대기 중의 이산화탄소 과잉

현대사회가 의존하고 있는 화석에너지는 채굴, 운송 및 사용의 전 과정에서 막대한 환경적·사회적 피해를 야기한다. 채굴 과정의 환경오염(가능성)은 비교적 손쉽게 채굴할 수 있는 전통적인 화석에너지가 점차 고갈되면서 더욱 커지고 있다. 2010년 미국 멕시코만에서 발생한 심해 유정의 폭발 사고나 캐나다 앨버타 주에서 타르샌드를 채굴하는 과정에서 빚어지는 환경파괴는 이를 잘 보여주었다. 뿐만 아니라 알래스카 해안 지역을 초토화한 엑슨 발데즈 호 사고나 한국 태안 지역에서 발생한 허베이 스피리트 호 사고 등 운송 과정의 피해도 심각하다. 마지막으로 (한국을 포함한 동북아 지역에서는) 화석연료의 이용 과정에서 배출되는 미세먼지 등의 대기오염 문제도 대단히 심각하다. 하지만 화석연료의 채굴, 운송 및 사용은 지역적 환경 문제를 야기하는 것이 아니다. '여섯 번째 대멸종'의 우려를 낳고 있는 기후위기를 만들어 내고 있다.

기후변화를 야기하는 직접적인 원인으로, 산업화 시기부터 대규모 화석연료 연소로 인해 배출된 막대한 양의 이산화탄소 등이 대기 중에 축적되었다는 점을 꼽는다. 그러나 온실가스 자체가 문제라고 할 수는 없다. 오히려 대기 중의 온실가스들은 우주 밖으로 빠져나가야 할 태양 복사 에너지를 가두기 때문에, 지구는 다른 행성들과 다르게 지난 홀로세의 1만 년간 평균 기온이 14~15도를 중심으로 1~6도 내외에서 변화하는 안정적인 기후를 유지하고 문명을 일궈 낼 수 있었다(정회성·정회석, 2013: 26~27). 만약 온실가스가 없다면 태양을 등진 지구 반대편은 생물이 생존하기 어려울 만큼 추워질 것이다. 따라서 이산화탄소와 같은 온실가스 자체를 문제 삼을 수는 없으며, 다만 대기 중에 이산화탄소가 '과잉'되는 점에 초점을 맞춰야 한다. 그 과잉은 값싼 석유의 시대를 거치며, 지층 속에 갇혀 있던 화석연료를 끄집어내어 태우면서 일어난 일이라는 것은 이미 충분히 이야기했다.

물론 기후변화를 야기하는 다른 원인들도 있는 것이 사실이다. 예컨대 대기 중 에어로졸의 변화, 태양 활동의 변화, 태양과 지구의 천문학적 위치 관계와 같은 자연적 요인도 거론된다. 이런 자연적 요인들이 기후변화의 존재를 부정하거나, 또는 그 원인이 인간의 사회경제적 활동에 있지 않다는 '기후 부정론'의 근거로 활용되기도 한다. 그러나 현재 관찰되는 기후변화는 자연적 요인보다는 인위적 요인이 더 중요하다는 것이 대다수 과학자들의 일치된 견해이다. 이미 충분히 알려진 대로, 유엔 기후변화 협상의 과학적 근거를 제공하고 있는 IPCC의 보고서들은 주기적으로(대략 5년 주기) 갱신하면서 많은 불확실성 속에서도 기후변화가 일어나고 있으며 그 원인이 인위적이라는 결론을 점점 더 명확히 밝히고 있다. 또한 인위적 요인에는 도시화로 인한 토지의 이용 변화와 산림 파괴 등도 거론되지만, 가장 핵심적인 원인으로 대규모 화석연료 사용에 의한 이산화탄소 배출을 꼽고 있다는 점은 흔들리지 않는 사실이다(IPCC, 2014; 정회성·정회석, 2013; 디디에 오글뤼스텐느 외, 2009; 조천호, 2019a).

대기 중 온실가스 농도는 꾸준히 증가하면서 그에 비례하여 지구 평균 온도도 급속하게 상승하고 있다. IPCC(2014)에 따르면 1880~2012년 사이 지구 평균 온도가 0.85도 높아졌다. 또한 1983~2012년의 30년은 지난 1400년 중 가장 따뜻했다고 평가된다. 그리고 이런 기록은 계속 갱신되고 있다.

그러나 일상을 사는 시민들은 지구 평균 기온 상승이 의미하는 바를 알기가 쉽지 않다. 그보다는 폭염과 열대야의 발생 빈도와 지속 기간에 더 관심을 가질 것이다. 2018년 우리 사회도 경험했던 폭염과 열대야의 고통이 떠오르며, 그것이 새로운 일상이 되리라는 예측은 섬뜩하다. 당연히 그 폭염은 사회적 불평등의 선을 따라서 누군가에게는 더욱 가혹하게 다가올 것이다. 가뭄과 폭염은 거대한 산불을 불러올 수도 있다. 한국을 포함하여 많은 나라 사람들은 호주에서 6개월 동안 한반도 면적의 땅을 태웠던 산불을 보면서 기후변화가 어떤 것인지 실감했을지 모른다. 화재의 열기로 하늘 전체가 핏빛으로 물든 사진으로 전해진 호주 산불. 극지방의 거대한 빙하가 녹아 무너져 내리는 관광용 '장관'과 달리, 산불은 바로 내가 살고 있는 지역에서도 일어날 수 있는 재난이다. 실제로 강원

도에서 대규모 산불이 일어나고 많은 이들이 피해를 입기도 했다.

한편 해양은 산성화가 더욱 심화될 것이다. 사실 바다가 대기 중에 배출된 이산화탄소의 상당 부분을 흡수하지 않았다면 대기 중 온실가스 농도는 더욱 높아졌을 것이며, 그만큼 지구 평균 기온은 더욱 빠르게 올라갔을 것이다. 바다는 이를 막아주었지만 그 대가를 혹독하게 치르고 있다.

해수면 상승도 빠른 속도로 진행되고 있다. 기후변화로 인한 기온 상승은 극지방에서 상대적으로 더욱 빠르게 이루어지면서, 그린란드와 남극 등의 빙하가 빠르게 녹아내리는 동시에 바다는 더욱 많은 열을 품게 되면서 팽창하고 있기 때문이다. 해수면 상승은 도서국들과 저지대 지역에 파괴적인 위험을 증가시킬 것이다. '국토'를 완전히 포기해야 하는 도서국들이 아니더라도, 방글라데시와 같은 나라의 사람들은 차츰 차오르는 바닷물에 농토와 마을이 잠기는 것을 지켜봐야 할 것이다. 그리고 그들이 '기후난민'이 된다. 이런 위험은 농촌 지역에만 국한되지 않으며, 해안에 건설된 수많은 도시에도 도사리고 있다. 상하이, 방콕, 호치민과 같은 도시를 생각해 보라(『연합뉴스』 2019. 10. 30). 오히려 많은 인구와 이미 건설된 막대한 도시 인프라를 생각하면 피해는 더 심각할 수 있다.*

기후변화가 진행되면서 21세기 중·후반에 많은 생물종들이 멸종위기에 처할 것이며, 생물다양성의 급격한 감소는 미래 식량 안보에도 부정적인 영향을 미칠 것이다. 이미 여러 지역에서 이상 기후로 인해 식량 생산이 감소하면서 끔찍한 비극의 방아쇠가 되었다는 점도 살펴보았다. 식량 위기는 일반인들이 기후위기를 경험하는 가장 구체적인 경로가 될 것이다. 언제나 가득 차 있는 슈퍼마켓과 편의점의 진열장, 그 위에 진열되어 있던 먹거리의 양과 질이 떨어지고 가격이 폭등하는 시점에서 기후위기를 실감하게 될지 모른다. 하루에 한 병씩 생수병을 사 모아야 하는 것이 아닐까 걱정하는 한 청년에게 더 필요한 것은 동네 텃밭을 일구는 법일지 모른다. 식량자급률이 25% 내외에 머물고 있는 한국에서는 더욱 그렇다.

또한 많은 지역에서 기후변화로 인한 질병 관련 문제가 증가할 것이다. 특히 개발도상국 내 저소득층에게 피해는 두드러지게 나타날 것이다. 현재(2020년) 전 세계를 강타하고 있는 '코로나19 재난'이 이를 비극적으로 증명해 주고 있다. 인간과 야생

---

* 도시 지역은 폭염 스트레스, 폭우, 내륙과 연안 지역의 범람, 산사태, 대기오염, 가뭄과 물 부족, 해수면 상승 및 폭풍 해일 등을 통해 지역 주민, 자산, 경제 및 생태계에 큰 위험을 겪게 될 것이다.

동물 사이의 거리를 사라지게 하는 '숲의 파괴'는 온실가스의 대량 배출을 야기하는 자본주의 생산과 소비 체제의 또 다른 결과일 뿐이다. 이미 시작된 기후변화는 우리가 알고 있던 모든 것을 무너뜨릴 것이다.

안전한 기온 상승 목표는 없다

우리는 어느 정도의 기온 상승까지 감당할 수 있을까? 국제 협상장에서 선진산업국들은 산업화 이전 대비 지구 기온 상승을 2도 이내로 막으면 충분하다고 주장해 왔지만, 기후변화에 취약한 국가들과 환경단체들은 1.5도 상승도 용납하기 힘들다고 맞서 왔다. 2018년에 발표된 IPCC(2018)의 1.5도 특별 보고서는 지구 평균 기온이 2도로 상승하는 경우와 대비해 보면, 1.5도 상승 목표는 피해를 크게 완화할 수 있다고 주장한다. 예컨대 전 세계 바다의 산호초는 1.5도 상승에서 70~80% 피해를 입겠지만, 2도 상승에서는 거의 전멸할 것으로 예측됐다. 인간 사회가 겪을 피해도 크게 줄어든다. 2도 상승에서 전 지구 어업 수확량은 300만 톤 이상 감소하지만, 1.5도의 경우 감소량은 150만 톤 정도로 절반 줄어든다. 전 지구 해수면 상승도 0.1미터 낮아지면서, 그로 인한 위험에 처할 인구수 역시 최대 천만 명까지 줄어들 것이다. 또한 2050년까지 기후변화 위험에 노출되는 인구와 빈곤에 취약한 인구수는 모두 최대 수억 명이 줄어들며, 물 부족 증가에 노출된 세계 인구의 비율도 50%까지 감소한다.

그러나 안전한 기온 상승 목표는 없다. IPCC의 1.5도 특별 보고서도 기온 상승을 1.5도 이내로 막더라도, 해수면 상승, 폭염, 가뭄과 홍수 등의 극단적인 기상 이변, 식량 생산 저감, 생물종의 감소 등 상당한 피해는 불가피하다는 점을 명확히 보여주고 있다. 1도 정도의 기온 상승에서도 이미 많은 가난한 나라와 가난한 사람들은 삶의 벼랑 끝으로 내몰렸다. 그리고 누군가는 이미 추락하였다. 1.5도 목표도 안전하지 않은 마당에, 2도 목표를 동시에 담고 있는 2015년의 파리 협정은 무책임한 타협책인 셈이었다. 1.5도 목표는 2도 목표보다 더 많은 비용을 필요로 하는데, 지구적 경제 격차 속에서 그 비용을 부담할 수밖에 없는 선진산업국들의 셈법이 반영된 결과다. 게다가 2도 상승할 경우 북극해 얼음이 모두 녹을 가능성은 10년에 한 번으로 높아진다는 예측을 북극 지역의 석유 시추 혹은 북극 항로 개척의 기회로 여기는 자본의 셈법까지 생각해 보자(『매일경제』 2018. 2. 18; 2019. 11. 3). 우리의 절망이 어디에서 시작되는가.

해수면 상승과 강력한 태풍, 300만 명의 수해 위험

지난 2020년 여름, 54일간 지속된 장마 탓에 많은 지역이 거대한 황톳물에 잠겼다. 기후위기가 심화할수록 우리가 더 자주 겪어야 할 일들 중 하나이며, 또 지켜봐야 할 참담한 광경들이다. 앞으로 어떤 피해를 더 겪게 될까. 국제 환경단체 그린피스 서울사무소는 미국의 비영리단체 클라이밋 센트럴(Climate Central)의 데이터를 이용하여 분석한 결과, 이대로 기후변화가 진행된다면 해수면이 상승하고 더 강력해진 태풍이 더욱 자주 한반도를 강타할 것이라고 경고하였다. 그들은 2030년에 우리나라는 국토 면적의 5%가 물에 잠기고 332만 명이 직접적으로 수해를 입을 것이라고 전망한다. 주로 서해안에 위치한 충남 당진과 서산, 전북 군산, 김제, 부안, 익산, 전남 신안, 경기 평택 등에서 많은 면적이 침수될 것으로 전망되며, 그로 인해 김포와 인천 공항, 화력 및 원자력 발전소, 제철소 등의 국가 기간 시설과 산업 시설도 침수 피해에 직면할 것으로 보인다. 또한 침수 피해를 겪는 사람들은 인구가 밀집된 서울, 경기 및 인천 지역에 집중될 것이다. 구체적으로 볼 때, 경기도 고양, 화성, 안산, 시흥, 인천 남동구, 서구뿐만 아니라, 서울 강서, 양천, 송파, 구로, 강남, 영등포, 마포 등에서도 침수 피해 인구가 대거 발생할 것이다(그린피스 서울사무소, 2020).

7장

누구의 책임인가?

기후위기는 지구라는 행성에 사는 우리 모두의 위기라고는 하지만, 그 책임이 모두에게 동일한 것은 아니다. 누가 얼마나 기후위기에 책임을 가지고 있는가? 여러 사람들이 함께 여행에 나섰다가 한 식당에 밥을 먹으러 들어갔다. 돈 좀 버는 한 무리의 사람들은 한 상 가득한 수만 원짜리 정식을 시켜 먹고, 또 다른 무리는 주머니 사정을 생각해서 6~7천 원 가격의 찌개백반을 하나씩 먹었다. 그만 한 여력도 없는 다수의 사람들은 김밥 몇 줄을 시켜서 나눠 먹었다. 떠나야 할 때가 되어 일어서는데, 별실에서 따로 배불리 정식을 먹고 나선 이들이 외쳤다. "함께 먹었으니, N분의 일로 합시다!" 김밥을 나눠 먹은 이들은 기가 막힐 일이다. 당장 멱살을 잡지 않으면 다행이고, 이 여행은 결코 제대로 끝낼 수가 없을 것이다.

기후위기에 직면해서 온실가스를 감축해야 하는 일이 이와 비슷하다. 비싼 음식 시켜 먹은 사람이 그 값을 치러야 하는 것처럼, 온실가스를 더 많이 배출한 나라와 사람들이 감축의 책임을 더 크게 져야 한다. '공동의 차별화된 책임' 원칙을 상기하라. 따라서 기후변화가 누구의 책임인지를 따지기 위해서는, 누가 온실가스를 지금 더 많이 배출하고 있는지, 혹은 과거부터 더 많이 배출해 왔는지를 살펴보는 것이 반드시 필요하다.

연간 배출량과 누적 배출량

유럽연합 보고서(Janssens-Maenhout et al., 2017)에 따르면 2016년 현재, 한 해 동안 에너지 소비에 의한 전 세계 이산화탄소 배출량은 35.8GtCO2로 추산되고 있다. 1990년의 22.5GtCO2에서 60% 증가했다.

이제 이산화탄소의 국가별 배출량에 더 초점을 맞추도록 하자. 가장 많은 이산화탄소를 배출하는 국가는 중국으로 전체 배출량의 29%를 차지하며, 미국은 14%로 2위를 기록하고 있다. 이어서 인도(7%), 러시아(5%), 일본(3%), 독일(2%) 등이 따르고 있다. 그리고 총배출량 1, 2위인 중국과 미국이 배출한 양이 전체의 43%이며, 세계 8위인 한국을 포함한 주요 국가들의 배출량은 64%에 달한다. 반면 나머지 200여 개 국가의 CO_2 배출량은 36% 수준에 머물고 있다. 이것이 의미하는 바가 무엇일까? 기후변화에 관한 책임이 차별화되어야 한다는 점을 재확인하게 된다. 현재 배출 순위로 보면 중국, 미국, 인도, 러시아, 일본 등의 순으로 책임을 물어야 하는 상황이다. 그렇다면 이것으로 기후변화의 책임을 모두 규명한 것이라고 할 수 있을까? 우리가 놓친 사실은 없을까?

누적 배출량의 측면에서 보면 이야기는 많이 달라진다. 이산화탄소는 대기 중에 생존하는 기간이 긴 온실가스로 분류되며 최대 500년에 달한다(종합 기후변화감시정보 웹사이트). 지금 우리가 경험하는 기후변화는 100여 년 전부터 배출된 이산화탄소들이 품어 온 에너지이기 때문에, 어떤 한 시점에서의 온실가스 배출량만을 가지고 이야기할 수는 없다. 북미와 유럽 등의 선진산업국들은 오래전부터 산업 활동을 시작하면서 대량의 온실가스를 지속적으로 배출해 왔지만, 중국과 인도를 비롯한 개발도상국들은 최근에서야 산업화에 돌입하였기 때문에 누적 배출량은 상대적으로 크지 않다. 예를 들어 미국과 중국을 비교해 보자. 미국이 2015년 현재까지 배출하여 누적한 양은 지구 전체 누적 배출량의 25%에 해당한다. 반면 중국의 비중

[그림 4] 주요 국가의 이산화탄소 누적 배출량

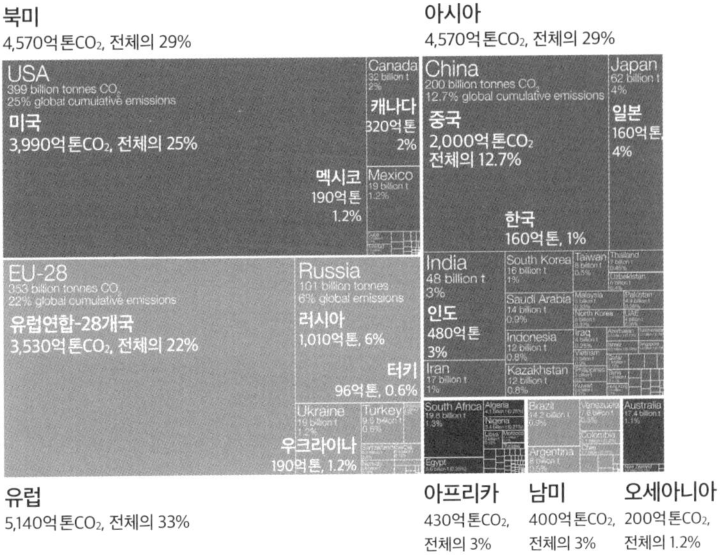

북미
4,570억톤CO2, 전체의 29%

USA
399 billion tonnes CO2
25% global cumulative emissions
미국
3,990억톤CO2, 전체의 25%

Canada
32 billion t
2%
캐나다
320억톤
2%

멕시코 Mexico
19 billion t
190억톤 1.2%
1.2%

EU-28
353 billion tonnes CO2
22% global cumulative emissions
유럽연합-28개국
3,530억톤CO2, 전체의 22%

Russia
101 billion tonnes
6% global emissions
러시아
1,010억톤, 6%

터키 Turkey
96억톤, 0.6%

Ukraine
19 billion t
우크라이나
190억톤, 1.2%

유럽
5,140억톤CO2, 전체의 33%

아시아
4,570억톤CO2, 전체의 29%

China
200 billion tonnes CO2
12.7% global cumulative emissions
중국
2,000억톤CO2,
전체의 12.7%

Japan
62 billion t
4%
일본
160억톤,
4%

한국
160억톤, 1%

India
48 billion t
3%
인도
480억톤
3%

South Korea
16 billion t
1%

Taiwan
9 billion t
0.6%

Thailand

Saudi Arabia
14 billion t
0.9%

Malaysia

Uzbekistan

Iran
17 billion t
1%

Indonesia
12 billion t
0.8%

North Korea

Pakistan

Iraq

Kazakhstan
12 billion t
0.8%

South Africa
19.8 billion t
1.3%

Algeria

Brazil
12.8 billion t
0.8%

Venezuela

Australia
17.4 billion t
1.1%

Nigeria

Colombia

Egypt

Argentina

아프리카
430억톤CO2,
전체의 3%

남미
400억톤CO2,
전체의 3%

오세아니아
200억톤CO2,
전체의 1.2%

1771~2017년 동안 배출된 누적 배출량. 국내에서 화석연료 연소 및 시멘트 생산으로 배출된, 생산-기반 배출량. (출처: Our World in Data. 자료원: Global Carbon Project(GCP)와 Carbon Dioxide Analysis Center(CDAC) 데이터에 기반하여 Our World in Data에서 계산. Hannan Ritchie 작성)

은 12.7%에 불과하다(Our World in Data 웹사이트). 미국은 그 배출 덕분에 높은 수준의 경제발전을 이루었지만, 급속한 경제성장과 그에 따른 가파른 온실가스 배출에도 불구하고 중국은 미국보다 낮은 경제발전 수준을 보여주고 있다(『연합뉴스』 2019. 7. 7).* 이런 분석은 앞서 살펴본 연간 배출량 순위를 뒤집으면서, 여전히 미국이 중국보다 더 큰 배출 책임을 지고 있다는 점을 확인시켜 주고 있다. 참고로 한국은 2015년까지의 전 지구 누적 배출량에서 1%의 비중을 차지하면서 세계 16위 위치에 서 있다(그림 4 참조).

1인당 배출량과 배태된 배출량

또 다른 방식으로 바라볼 수도 있다. 1인당 CO_2 배출량을 국가별로 비교해 보면, 국제적인 불평등의 실태를 다시 확인할 수 있다. 세계은행 통계에 따르면, 2017년도 현재 미국인 한 명이 16.21톤의 이산화탄소를 배출하는 반면, 아프리카의 에티

---

* 세계은행에 따르면 2019년도 미국의 국내총생산(GDP)은 21조 4,332억 달러로 1위를 차지했으나, 2위를 차지한 중국의 GDP는 14조 3,429억 달러에 머물러 있었다.

오피아 국민 한 명은 겨우 0.14톤의 이산화탄소를 배출하고 있을 뿐이다. 환기하자면 이산화탄소 배출은 대부분 화석연료 사용에 따른 것으로, 평균적인 미국인들이 그만큼 많은 에너지를 사용하여 난방, 교통, 문화 등에서 더 큰 편리를 누리고 있는 것이다. 반면 에티오피아인들은 근대적 편리와는 먼 삶을 살고 있다. 다른 많은 측면에서도 그렇지만, 온실가스 배출과 관련해서도 모든 인류는 불평등한 세상에서 살고 있다. 한편 중국은 최근의 급격한 경제성장을 통해 에너지 사용량이 증가하면서 온실가스 배출량도 크게 늘었고, 이에 따라서 1인당 배출량(6.92톤)도 세계 평균(4.79톤)을 웃도는 수치를 보여주기 시작했다. 미국에 비해서는 가볍겠지만, 결코 중국의 책임을 외면할 수 없는 상황이 점차 심화되고 있다. 참고로 한국의 1인당 이산화탄소 배출량(12.54톤)은 지속적으로 증가할 뿐만 아니라, 미국보다는 적지만 독일과 일본 같은 선진산업국에 비해서 대단히 많다(그림 5 참조). 한국의 국제적 책임을 다시 강조해야 할 또 하나의 이유이기도 하다.

더 흥미로운 분석도 가능하다. 한 지역 혹은 국가의 이산화탄소 배출이 실제 어느 지역 혹은 국가의 소비를 위한 것인가 하는 질문으로부터 배출 현황을 재분석해 볼 수도 있다. 한 국가는 제품을 생산하여 수출하기도 하고 반면에 다른 국가에서

[그림 5] 주요 국가의 1인당 CO$_2$ 배출량 (2015년도)

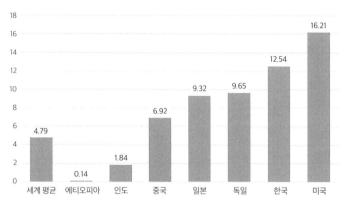

(단위: 톤/인)

세계 평균	에티오피아	인도	중국	일본	독일	한국	미국
4.79	0.14	1.84	6.92	9.32	9.65	12.54	16.21

(데이터 자료: Our World in Data 웹사이트)

생산된 제품을 수입하여 소비하기도 한다. 그에 따라서 한 국가 내에서 배출한 이산화탄소량의 일부는 다른 국가를 위해 대신 배출한 것이기 때문에 자신의 총배출량에서 빼야 하며, 수입해서 소비하는 제품 생산을 위해 다른 국가가 대신 배출한 온실가스량(이를 '배태된embedded 배출량'이라고 칭한다)을 더해서 새롭게 배출량을 산정할 수 있다.* 이런 식으로 계산하면, 미국은 국내 배출량의 6.7%에 해당하는 온실가스를 다른 국가에서 수입되는 제품 소비를 통해서 추가적으로 배출한 것으로 산정할 수 있다. 반면에 중국은 국내 배출량의 13.3%에 해당하는 온실가스를 다른 나라에 수출하기 위해서 배출한 것으로 계산되어, 전체 배출량에서 빼내어 줄일 수 있다(Our World in Data 웹사이트). 이런 식의 분석은 미국과 서유럽 국가들은 자신들의 소비에 필요한 온실가스 배출을 아시아와 동유럽 등의 개발도상국들에게 이전시킨다는 점을 보여준다. 참고로 한국은 국내 배출량의 8.9%에 해당하는 온실가스를 다른 국가에 이전시키고 있다.

지금까지 기후위기에 대한 각국의 책임을 다양한 지표 — 연

---

* '순배출이전량'(net emission transfer)은 수입 제품에 배태된 배출량에서 수출 제품에 배태된 배출량을 빼서 구할 수 있다. 보다 자세한 내용은 Peters, G. P. et al.(2011)를 참조할 수 있다.

간 배출량, 누적 배출량, 1인당 배출량, 그리고 배태된 배출량
— 로 따져 물을 수 있다는 점을 확인했다. 그리고 2000년대 중
반에 연간 배출량에서 미국을 제치고 세계 1위에 올라선 중국
에 대해서 책임을 물어야 한다는 의견들이 많아지고 있다. 그
러나 여전히 북미, 유럽, 그리고 아시아의 선진산업국들, 특히
미국의 중대한 책임을 재확인할 수 있다. 미국의 책임을 묻지
않고 기후정의를 이야기할 수는 없다.* 물론 엄청난 속도로 증
가시켜 왔으며 거대한 규모의 배출량을 유지하고 있는 중국도
계속 책임을 피할 수만은 없다. 온실가스의 극적인 감축을 위
해서는 미국만큼이나 중국의 노력도 기후위기 해결에 결정적
이다. 최근 중국이 2060년까지 탄소중립을 달성하겠다는 발표
가 있어 다행스럽지만, 그 달성 시기를 앞당겨야 할 일이다.

한편 여러 지표들은 한국의 책임도 결코 가볍지 않다는 점
을 보여준다. 그러나 여전히 스스로를 선진국이라 생각하지 않
는 한국인들에게 기후위기에 큰 책임을 지고 있다는 점을 이

---

* 미국은 자국에게 불리하다는 이유로 1997년 교토 의정서에 참여하지 않음으로
써 국제적 협력 틀에 타격을 입혔다. 그뿐만 아니라, 최근에 물러난 트럼프 대통
령은 기후위기를 대놓고 부정하며 파리 협정에서 탈퇴하기도 했다. 그나마 다행
으로 올해(2021년) 1월에 취임한 바이든 대통령은 2050년 탄소중립을 선언하면
서 취임과 동시에 파리 협정에 복귀하겠다는 서명을 하였다. 이제 미국 정부가
자신들의 역사적 책임을 어떻게 감당할지 지켜볼 일이다.

해시키기는 쉽지 않다. 세계를 국가 간의 생존경쟁을 위한 각축장으로만 바라보는 이들에게는 더욱 그렇다. 경제에 부담이 될 온실가스 감축 의무는 가능한 한 피하고, 또 감축 목표는 되도록 느슨해야 한다는 생각이 한국 사회를 여전히 지배하고 있다.

전 세계 부자들과 빈자들의 온실가스 배출량 격차

앞서 국가별로 온실가스 배출량을 여러 지표를 통해서 확인해 봤다. 특히 국가별 1인당 배출량도 비교해 봤다. 그러나 한 가지 주의해야 할 점은 그 국가별 1인당 배출량 수치가 그 나라 안에서의 계급/계층별 온실가스 배출량 차이를 가려서는 안 된다는 것이다. 빌 게이츠와 태풍 카트리나가 덮친 미국 뉴올리언스 흑인 거주지 주민의 배출량 차이를 잊어서는 안 된다. 이런 점을 보여주는 또 다른 통계가 있다. 옥스팜(Oxfam, 2020)에 의해서 분석된 전 세계 사람들의 소득 수준별 1인당 온실가스 배출량 차이는 극적이다. 2015년 현재, 전 세계 상위 1%의 소득 계층은 1인당 74톤의 이산화탄소를 배출하고, 상위 10%는 1인당 23.5톤을 배출한다. 그리고 중위 40% 소득 계층은 1인당 5.3톤을 배출한다. 반면에 하위 50% 소득 계층은 0.69톤만을 배출했을 뿐이다. (그래프에는 나오지 않지만) 전 세계 평균은 1인당 4.8톤이며, 세계 0.1%의 '슈퍼 리치'들은 1인당 216.7톤을 배출했다. 이 분석에 의하면 1.5도 목표를 달성하기 위해서는 2030년의 전 지구 평균 1인당 배출량은 2.1톤으로 줄어야 한다. 2015년 평균 4.8톤의 절반 이상을 줄여야 한다. 그러나 더 중요한 것은 세계 인구 50%는 현재 이 규범적인 목표에도 미치지 못하는 이산화탄소를 배출할 뿐이라는 점이다. 정작 온실가스를 과감히 줄여야 하는 이들은 세계 1% 나아가 10% 소득 계층들이다. 상위 1% 소득계층은 1인당 배출량을 35분의 1로 줄여야 하며, 상위 10%는 11분의 1로 줄여야 한다.

[그림 6] 전 세계 탄소 배출량 불평등

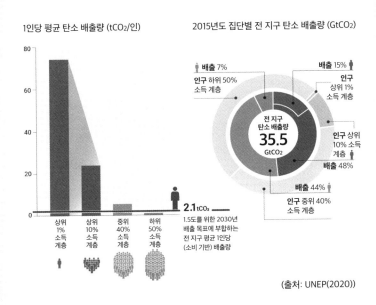

1인당 평균 탄소 배출량 (tCO₂/인)

2015년도 집단별 전 지구 탄소 배출량 (GtCO₂)

(출처: UNEP(2020))

8장

탄소예산을 아시나요?

"저는 한 번도, 단 한 번도 들어 본 적이 없습니다. 정치인들, 언론인들, 기업인들이 이 수치에 대해 말이라도 꺼내는 것을요. 심지어 탄소예산이라는 것이 있다는 것조차 그들은 거의 모르는 듯합니다. 이 자리에 있는 여러분도 우리 문명의 미래가 달려 있는 최신 IPCC 보고서를 읽지 않았을지 모릅니다."(그레타 툰베리, 2019년 7월 23일 프랑스 의회 연설 중에서)*

그레타 툰베리가 묻다

스웨덴의 청소년 기후활동가, 그레타 툰베리. 기후위기를 경

---

* 이 연설의 전문은 그레타 툰베리(2019)에서 볼 수 있다.

고하고 해결을 촉구하는 세계적인 인물이 된 그녀가 지난 2019년 7월, 프랑스 하원에서 연설하였다. 10대 청소년이 한 나라 의회의 초대를 받아 의원들 앞에서 연설한다는 사실 자체가 흔치 않은 일이다. 게다가 그녀가 쏟아 놓는 말들은 많은 이들을 불편하게 할 만큼 불길하며 또한 직선적이었다. 그 때문인지 연설장에 오지도 않은 채, 그레타 툰베리를 '종말론의 대부'라며 조롱하는 데 열을 올리는 의원들도 많았다. 대서양 건너 미국 백악관에 앉아, '기후변화'를 연방정부 문서 안에서 금지어로 만든 기후부정론자처럼. 자신을 향한 지지와 거부가 극명하게 갈리는 상황에서, 그레타 툰베리가 의원들을 포함한 청중에게 꺼내 든 이야기가 '탄소예산'이었다. 그녀는 자신의 이야기를 듣고자 그 자리에 앉아 있는 이들조차도 '탄소예산'에 대해 모르고 있을 것이라며, 답답한 마음을 털어 놓고 있다.

그렇다면 대체 '탄소예산'carbon budget이란 무엇인가. 예산이라고 하니 온실가스 배출을 감축하는 데 필요한 정부 예산과 같은 '돈'에 관한 이야기라고 짐작하기 쉽다. 그러나 아니다. 간단히 이야기하면, 지구 평균 기온 상승을 특정 온도 이내로 막기 위해서, 인류에게 허용될 수 있는 온실가스 배출 총량이다. 과학자들은 그동안의 연구를 통해서 인류가 대기 중에 어느 정도의 온실가스를 배출했더니 어느 정도까지 지구 평균 기온이 상승하더라는 과학 지식을 갖게 되었다. 이에 기반을 두고 앞으로 어느 정도를 더 배출하면 기온이 얼마나 더 높아질 것이라고 예측할 수도 있게 되었다. 그런데 이 탄소예산은 매해 증가하는 정부 예산과 다르게 한정되어 있으며, 시간이 갈수록 줄어든다. 해마다 배출하는 양만큼 탄소예산이 줄어들기 때문인데, 따라서 이 탄소예산은 언젠가는 '제로'(0)에 도달하게 된다. 만약 그것을 넘어서 더 배출하게 된다면 우리는 특정 기온 상승을 억제하겠다는 목표를 지키지 못하고 '기후재앙'에 돌입하게 된다. 한편 탄소예산은 인류가 막으려는 기온 상승 목표에 따라서 달라질 수 있다. 기온 상승을 2도 이내에서 막으려 한다면 이때에 주어지는 탄소예산은 1.5도 목표를 달성하기 위한 탄소예산에 비해서 넉넉하게 될 것이다.

탄소예산은 얼마나 되나?

그렇다면 과학자들이 계산해 낸 2도 혹은 1.5도 목표의 탄소예산은 어느 정도나 될까? 먼저 2도 목표의 탄소예산에 대해 알아보도록 하자. IPCC(2014)는 2도 목표를 달성(66% 이상의 확률)하기 위한 탄소예산을 2,900GtCO₂eq*로 추산하고 있다. 즉 산업화 시기(대략 1870년) 이후부터 배출되어 누적된 온실가스 총량이 2,900GtCO₂eq를 넘어서지 않아야 2도 이내에서 기온 상승을 막을 수 있다는 것이다. 그러나 2011년까지 이미 1,900GtCO₂eq를 배출해 왔기 때문에, 그 후 배출이 허용될 수 있는 온실가스량은 1,000GtCO₂eq에 불과하다. 그런데 2016년 한 해, 전 지구적으로 배출한 온실가스 배출량이 52GtCO₂eq임을 고려하면, 절박한 감축 노력이 없는 한 탄소예산은 앞으로 20년 이내에 바닥이 날 것이다. 게다가 1,000GtCO₂eq는 2011년 이후부터의 탄소예산이기 때문에, 그 이후부터 현재까지 추가로 소진해 버린 탄소예산을 고려하면 우리에게 남은 시간은 겨우 10년 정도에 불과한 것이다.

그러나 2도 목표가 아니라 1.5도 목표를 추구한다면, 주어진 탄소예산의 크기는 더욱 작고 또 소진될 시점은 더욱 가깝게 될 것이다. IPCC의 1.5도 특별 보고서(2018)는 1.5도 목표를 달성하기 위해서 2018년부터 온실가스 순배출량이 제로(0)가 되기까지 남은 탄소예산은 420GtCO₂(66% 이상의 확률) 내지

---

* 단위 'tCO₂eq'는 이산화탄소 이외에 다른 온실가스까지 포함하여 배출량을 산정하기 위한 것으로, 이산화탄소를 기준으로 다른 온실가스들의 지구온난화 지수(Global Warming Potential: GWP)를 산출하여 산정한다.

580GtCO2(50% 이상의 확률)에 불과하다고 계산을 내놓았다.*

여기서 잠시, 확률에 따라서 계산되는 탄소예산이 달라진다는 점을 짚고 가자. 즉 특정 온도 목표를 달성할 수 있는 확률을 높이고자 하면, 우리가 배출할 수 있는 탄소예산의 양을 작게 잡아야 한다. 3분의 2 확률로 1.5도 목표를 달성한다고 했을 때, 우리에게 남은 시간은 얼마나 될까? 한 해 배출된 이산화탄소가 대략 42GtCO2이기 때문에, 그 상태를 유지한다고 했을 때 2018년부터 시작하여 10년 안에 모든 탄소예산을 소진하게 된다. 그레타 툰베리가 프랑스 의회에서 연설하면서, "지금처럼 배출한다면 남아 있는 420기가톤의 탄소예산이 대략 8년 반 안에 사라질 것"이라고 경고했던 근거가 이것이다.

그레타 툰베리의 프랑스 하원 연설 이후 다시 1년 반이 지났기 때문에, 우리에게 남은 시간은 이제 7년뿐이다. 이 책을 읽는 독자들의 각자 나이에 이를 더해 보라. 그러면 그레타 툰베리가 어떤 마음으로 의원들 앞에서 탄소예산을 이야기했을지 좀 더 공감할 수 있을지도 모른다.

그러나 미안하게도 우리가 마주해야 할 진실은 여기에 멈

---

* 여기서 주의할 것은 이 탄소예산은 전체 온실가스에 대한 것이 아니라 이산화탄소에만 초점을 맞춘 것이다. 전체 온실가스를 포함하는 1.5도 목표의 탄소예산은 이 수치보다 클 것으로 추정되지만, 현재로서는 정확히 확인하기 어렵다.

취 서질 않는다. 420GtCO2라는 탄소예산도 보수적으로 추산된 것이다. 지구 시스템 안에는 지구 기온에 영향을 미치는 수많은 메커니즘이 있지만, IPCC의 과학자들은 위의 탄소예산을 산출하면서 불확실한 메커니즘의 영향을 배제했다. 논란을 피하고 싶었기 때문이다. 만약에 불확실하지만 큰 영향을 미칠 수 있는 메커니즘을 포함한다면, 우리에게 남은 탄소예산은 더욱 줄어들 수 있다. 예를 들어서 지금까지 진행된 지구온난화로 인해 북극에 인접한 영구 동토층 안에 갇혀 있던 이산화탄소와 메탄이 추가로 분출하면 기온 상승은 더욱 가팔라질 수 있다.* 한 연구(Nauels, A, et al., 2019)에 따르면, 이러한 메커니즘을 고려하면 앞의 탄소예산에서 100GtCO2를 빼야 한다고 주장하고 있다. 그럴 경우 우리에게 남은 시간은 5년 이하로 줄어들게 된다. 미안하고 아찔하다 못해 먹먹한 마음이 들더라도, 이것이 진실에 더 가까울 수 있다.

---

* 메탄이 가진 지구온난화 능력은 이산화탄소보다 훨씬 크기 때문에(메탄의 지구온난화지수는 23), 영구 동토층으로부터 메탄이 배출될 경우에 지구는 되돌아 올 수 있는 변곡점(tipping point)을 지나게 될 것이라고 경고받고 있다. 하지만 영구 동토층에서 메탄이 방출되고 있다는 보고는 이미 시작되고 있다(『사이언스 타임즈』 2020. 2. 7).

탄소예산은 무엇을 말해 주나

비정한 탄소예산 개념을 받아들인다면, 우리가 토론해야 할 일이 명확해진다. 우선 우리는 언젠가 배출 제로에 도달해야 한다. 그렇다면 그 시기는 언제이어야 하는가?

IPCC의 1.5도 특별 보고서는 2050년까지는 전 지구적으로 '탄소 넷 제로'에 도달해야 한다고 권고하고 있다. 지난(2019년) 유엔 기후행동 정상회담을 계기로 전 세계 70여 개 국가들이 2050년까지의 '배출 넷 제로'를 국가 목표로 삼겠다고 약속하였다. 늦어도 30년 안에 도달해야 할 목표다.

둘째, 매장되어 있는 화석연료 중에서 얼마나 파내서 태울 수 있을 것인가? 우리가 대기 중에 배출할 수 있는 이산화탄소량이 한정되어 있다면, 그것의 원천인 화석연료를 캐내서 사용할 수 있는 양도 정해져 있다는 것을 깨닫는 것은 어려운 일이 아니다. 오일 체인지 인터내셔널Oil Change International 보고서(2016)에 의하면, 1.5도 목표를 달성하기 위해서는 화석연료 매장량의 85%를 채굴하지 말고 그대로 둬야 한다.

셋째, 한정된 탄소예산은 누구에게 얼마나 배분되는 것이 맞나? 우선 세대별로 주어지는 1인당 탄소예산이 달라질 것이다. 즉 2017년에 태어난 사람에게 주어질 수 있는 탄소예산은

43톤뿐으로 1950년생 사람이 평생 사용한 평균 탄소예산의 8분의 1에 불과하다(조천호, 2019b). 이전 세대가 한정된 예산을 펑펑 써 댔기 때문에 청소년 세대들은 1.5도 목표를 지키고자 한다면 매우 적은 1인당 탄소예산으로 평생을 살 수밖에 없다. 그러나 개발도상국의 평균적인 청소년이 선진산업국의 그들과 동등한 탄소예산을 가지게 될 수 있을까? 이를 보장하기 위해서는 각 국가별로 탄소예산을 어떻게 배분해야 할지에 대해서도 토론해야 한다. 국제사회는 '공정한 분담(fair share)'에 대해 논의하면서, 형평성, (역사적) 책임성, 그리고 능력과 필요 등의 여러 기준과 그들의 조합에 대해 검토하고 있다. 과거에 많이 배출한 국가는 그 책임을 지고 더 많은 감축 부담을 짊어져야 한다거나, 모든 인류는 평등하기 때문에 1인당 배출량이 동등해야 한다는 주장을 반영하는 기준들이다. 또한 비용을 부담할 능력에 따라서 감축 의무를 부여하거나 혹은 현재의 빈곤을 해결하는 데 필요한 경제개발을 위한 배출을 보장해야 한다는 주장 등도 반영하는 기준도 있다(Climate Analytics, 2020). 각각의 기준들은 나름의 합리성을 가지고 있어서 쉽게 하나를 선택할 수 없지만, 지금까지 배출해 왔으니 계속 더 배출하겠다는 기득권의 태도와는 분명히 다르다. 선진산업국들은 더 많이 감축해야 할 뿐만 아니라, 개발도상국을 위해서도 더 많은 자금을 제공하고 지원해야 한다. 한국의 감축 분담에 대해서는 뒤에서 다시 살펴보겠다.

영국의 탄소예산과 감축 경로

탄소예산을 고려하면, 각국의 온실가스 감축 목표와 경로에 대해 비판적으로 분석할 수 있다. 한 연구자(Jackson, 2019)는 1.5도 목표를 위한 전 지구 탄소예산 420GtCO2 중에서 영국에 할당될 수 있는 형평성 있는 탄소예산을 추산하였다. 2050년에 전 세계 인구가 100억 명, 그리고 영국 인구가 7천만 명이라고 가정하고, 전 세계 1인당 배출량이 동일해야 한다고 전제하여 계산해 보면, 영국의 탄소예산은 대략 2.9GtCO2이다. 그러나 영국의 역사적 책임 등을 고려하면 2.5GtCO2로 낮춰야 형평성 있는 탄소예산이 된다고 생각한다. 일단 받아들이자. 영국의 2018년 이산화탄소 배출량은 364MtCO2이다(이는 생산 기반의 배출량으로, 해외에서 수입하는 물품에 배태된 배출량을 고려한 소비 기반의 배출량을 추정하면 590MtCO2로 상승한다). 이 수준에서 이산화탄소를 배출하면 영국은 2025년에 탄소예산을 모두 소진하게 된다. 영국의 배출량이 2010년 이래 대략 연간 4%씩 줄어든 추세가 지속된다고 가정했을 경우에도, 2026년에 탄소예산을 모두 다 쓰고, 2050년에도 여전히 연간 100MtCO2를 배출하여 4GtCO2 이상을 초과 배출하게 된다(그림 7, 곡선 a). 2050년까지 선형적으로 줄어들어 배출 제로에 도달한다고 하더라도 앞서와 비슷하게 탄소예산을 모두 소진하고, 3.5GtCO2를 초과 배출하게 된다(곡선 b). 2030년까지 선형적으로 줄어들어 배출 제로에 도달한다면, 영국의 탄소예산 안에서 배출 제로에 도달할 수 있다(곡선 c). 탄소예산 내에서 2050년에 배출 제로에 도달할 수 있는 감축 경로는 연간 15%씩 감축하는 것이다(곡선 d). 연

[그림 7] 영국의 탄소예산과 감축 경로

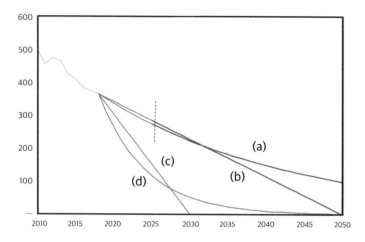

자료: Jackson(2019).

구자는 이런 분석에 기초하여 영국의 배출 제로 목표를 2030년 이전에 달성하도록 설정해야 한다고 제안하고 있다. 한국에 대해서 유사한 방식으로 분석할 경우, 한국의 탄소예산은 이미 2020년에 모두 소진한 것으로 추정된다.

3

어떻게
해결해야 하나

우리는 한정된 탄소예산 안에서 살아남아야 한다는 것을 배웠다. 그리고 누군가가 이 초라한 탄소예산을 펑펑 써 대고 있었으며, 그 결과 이미 일어난 기후변화로 피해를 입기 시작한 것은 다른 이들이라는 것을 뒤늦게 깨닫기 시작했다. 그렇다면 우리는 이 기후위기에 어떻게 대응해야 하는 것일까? 이 질문은 단순히 온실가스를 감축할 기술적 해결책으로만 답할 수 있는 것은 아니다.

9장

기후변화에 대응하는 지구적 노력

기후변화에 대한 인식과 국제 협약

기후변화는 전 지구적인 위험이고, 개인 혹은 개별 국가가 해결하기 어려운 문제이다. 그렇기 때문에 이를 인식하는 것도 쉽지 않다. 기후변화에 대응하려는 전 지구적인 노력의 필요성과 정당성의 근거는 여러 불확실성 속에서도 과학적 합의를 높여 가고 있는 국제 과학자 공동체들이 제공하고 있다. 과학자들의 다양한 관측과 장기간의 데이터, 그리고 다양한 과학적 이론과 모형을 통해서, 인류는 기후변화의 존재를 확인하고 설명하며 또 예측할 수 있게 된다(기후과학의 개략적인 역사에 대해서는 이 장 끝의 상자 글을 참조). 기후과학 지식의 불확실성을 완전히 제거하는 것은 사실상 불가능하지만, 사람들이 행동에 나서는 데 필요한 지식은 얻을 수 있었다. 그 덕에, 인류에게 엄청난 영향을 줄 수 있는 기후변화가 진행되고 있으며 그것이 인위적인 요인에 의한 것이라는 과학자들의 주장은 세계 각국이 국제적 대응 체계를 마련하도록 나서는 데 기초가 되고 있다.* 특히 1988년 유엔환경계획(UNEP)과 세계기상기구(WMO)가 IPCC를 설립하여 기후변화에 관한 국제 협상과 협력에 필요한 과학 지식을 제공하면서, 세계 각국이 기후변화에 대응하도록 나서게 하는 '인지적 공동체'를 형성하였다.** 기후변화의 존재를

---

* 기후변화 의제가 정치 영역으로 들어선 것은 1980년대 후반이었다. 폭염이 이어지고 있던 1988년 미국 의회 상원에서 열린 기후변화 청문회는 기후과학이 정치와 연계되기 시작했다는 점을 보여주는 상징적인 사건이었다. 한편 기후과학은 불확실한 점이 상당하였기 때문에 어떤 정치적 행동의 기반으로 삼기에는 부족하다는 주장도 존재했으며, 이를 넘어서기 위해서는 '사전예방의 원칙'과 같은 정치적 태도도 중요했다. 한편 기후과학 → 기후정치라는 한 방향의 흐름만 있는 것은 아니다. 앞서 소개한 '생계형 배출'과 '사치성 배출' 논쟁에서 보듯이, 기후과학도 현존하는 정치에 의해서 다양하게 영향을 받는다는 점을 기억할 필요가 있다.

** IPCC는 기후변화에 관한 직접적인 연구를 수행하는 기구는 아니며, 이미 진행된 여러 연구들을 검토하여 기후변화에 관한 과학적 지식을 종합한 보고서를 작성하는 것을 목표로 삼고 있다. 기후변화의 과학적 지식은 여전히 많은 불확실성을 포함하고 있기 때문에, 기후변화에 관한 여러 분야의 현행 지식들이 얼마나 신뢰할 만한 것인지 엄밀히 평가하고 표기하는 데 큰 노력을 쏟고 있다. 그럼에도 불구하고 1990년 이래로 매 5~6년마다 발표되는 IPCC 보고서는 기후변화가 실제 진행되고 있으며 그 원인이 화석연료 연소에 의한 이산화탄소 배출과 같은

확인해 준 IPCC의 1차 보고서 발간을 배경으로 하여, 1992년 리우 환경회의에서 유엔 기후변화협약United Nations Framework Convention on Climate Change: UNFCCC이 체결되면서 기후변화에 대응하기 위한 국제 레짐이 처음으로 마련되었다.

이 협약은 "기후 체계가 위험한 인위적 간섭을 받지 않는 수준으로 대기 중 온실가스 농도의 안정화를 달성하는" 것을 목표로 하며, 당사국들은 "형평에 입각하고 공통적이면서도 그 정도에 차이가 나는 책임과 각각의 능력에 따라 인류의 현재 및 미래 세대의 이익을 위하여 기후 체계를 보호해야 한다"는 원칙을 제시하였다(이를 '공동의 차별화된 책임 원칙'이라고 한다). 이 협약은 1994년에 공식 발효되었으며, 다음 해부터 매년 이 협약에 참여한 당사국들의 총회Conference of Parties: COP가 개최되면서 협약을 구체적으로 이행하기 위한 국제 협상이 진행되어 왔다. 1997년에는 최초로 구속력을 가진 교토 의정서를 합의하였는데, 부속서 I Annex I에 속한 선진국과 과거 사회주의 경

인위적인 것이라는 점은 더욱 확실해지고 있다고 밝히고 있다. 한편 IPCC는 과학자들 외에도 각국의 정부 대표까지 참여하는 기구로서 혼종적인 속성을 가지며, 특히 IPCC 보고서의 일부로 포함되는 '정책 결정자를 위한 요약문(SPM)'은 IPCC 총회에서 한 줄씩 검토되어 조정되는, 정치적 협상의 결과물이라고 평가된다.

제에서 시장경제로 전환하는 국가들이 2008년부터 2012년까지 1990년 대비 평균 5.2% 온실가스를 의무 감축하는 것이 규정되어 있다. 교토 의정서는 2005년에 공식 발효되었지만, 지구온난화를 막기에는 부족한 감축 목표라는 비판에 직면해 있었다. 특히 "미국적 삶을 버릴 수 없다"는 이유로 미국이 이 의정서에서 탈퇴한 후에는 더욱 그랬다.

공동의 차별화된 책임

국제사회는 2005년부터 교토 의정서 이후를 준비하기 위해 소위 'Post-2012 체제' 논의를 시작했고, 2007년에는 협상 완료 시점을 2009년으로 정한 '발리 행동 계획'Bali Action Plan을 채택했다. 그러나 2009년에 코펜하겐에서 개최된 COP15는 기대와 다르게 Post-2012 체제를 출범시키는 데 실패하였다. 당사국은 교토 의정서를 2020년까지 연장하는 한편, 2015년까지 Post-2012가 아닌 Post-2020 체제를 만들어 내자고 결의했을 뿐이다. 기후변화 위기가 더욱 심각해지고 있다는 비판의 목소리가 전 세계에 퍼져 나갔지만 지지부진한 기후 협상은 아주 조금씩만 진전을 만들어 내고 있었다. 불행 중 다행으로

2015년 말에 파리에서 열린 COP21에서 당사국들은 '파리 기후변화 협정'Paris Agreement에 합의하면서, 겨우 파국을 막을 수 있었다. 2020년까지 연장된 교토 의정서가 온실가스 감축에 실질적 기여를 하지 못하는 상태는 방치되었으며, 감축 의무를 지지 않은 신흥산업국들도 온실가스 배출량을 급격히 증가시키고 있는 상황이었다. 파리에서 Post-2020 체제를 합의하지 못한다면 기후변화에 대응하기 위한 국제 체제가 붕괴될 수도 있다는 위기감이 팽배했었다.

그런데 이처럼 기후변화 의제를 다루는 국제 레짐이 어떤 방향으로 만들어지고 또 작동되어야 하는가에 대해서는 또 다른 논의를 필요로 한다. 기후정의와 관련하여 볼 때, 유엔 기후변화협약이 채택될 때부터 명시된 '공동의 차별화된 책임' 원칙을 다시 주목해야 한다. 1997년 채택된 교토 의정서에서 대부분의 선진산업국들이 포함되는 부속서I 국가들에게만 온실가스 감축 의무를 부여한 것은 이 원칙을 반영한 것이지만, 미국이 이에 항의하면서 탈퇴한 사실은 이 원칙의 실현이 결코 쉬운 일이 아니라는 점을 보여준다. 미국은 대규모로 온실가스를 배출하기 시작한 중국과 인도 등 개발도상국들에게 온실가스 감축 의무를 부여하지 않는 것은 불합리한 일이라고 주장해 왔다. 중국과 인도 등의 거대 개발도상국들이 경제성장을 하면서 점차 막대한 온실가스를 배출하기 시작하였고, 특히 중국은 2000년대 중반에 이산화탄소 배출 총량에서 그동안의 1위 국가였던 미국을 앞지르기 시작했다. 국제 협상에서 미국은 이점을 부각시키며 중국 등 거대 개발도상국들이 온실가스 감축 의무를 지지 않는다면 자신들도 감축 의무를 질 수 없다고 버텨 왔다.

중국 등은 역사적인 1인당 배출량, 누출 배출량, 그리고 탄소 배출 상품의 실제 소비처 문제(이전된 배출량)를 지적하면서 맞서 왔다. 앞에서 언급하였듯이 인구가 많은 중국은 온실가스 배출 총량에서는 선두에 서 있지만, 1인당 배출량에서는 미국을 비롯한 선진산업국에 비해서 한참 낮은 성적을 보여주고 있다. 게다가 일찍이 산업화를 이루면서 오랫동안 온실가스를 대규모로 배출해 온 역사적 책임을 따지면서 현재의 배출 총량만을 강조하여 중국 등의 개발도상국에게 감축 의무를 지우는 것은 부당하다고 주장했다. 즉 중국 등 개발도상국들의 '발전권'을 보장해야 한다는 주장이다. 또한 '배태된 배출량'의 문제를 생각해 보면, '세계의 공장' 중국의 배출이 오로지 중국에게만 책임을 물을 수 있는 것인지 되묻는 것이 자연스러워 보이기도 한다. 국제 기후정의 운동도 급속하게 온실가스 배출량을 증가시켜 온 중국을 전적으로 옹호할 수는 없었지만, 역사적 배출량 등에서 책임이 더 무거운 미국이 중국을 비난하는 것에 대해서는 비판하는 쪽에 서 왔다.

파리 협정, 지구를 구할 마지막 비상구?

최근에 체결된 파리 협약에서는 우여곡절 끝에 중국 등을 포함하여 개발도상국들도 감축 의무를 진다는 점을 명시하면서, '차별화된 책임'보다는 '공동의 책임' 쪽에 더 무게를 싣게 되었다. 교토 의정서에서 선진국만이 짊어졌던 감축 의무를 파리 협정에서는 개발도상국도 선진국과 함께 지기로 했기 때문이다. 즉 미국 이외에 중국도 감축 의무를 진다는 것이다. 또한 교토 의정서에서 부과된 법적 구속력도 사라졌다. 다만 과거에 하향식으로 결정되던 감축 의무량을 각 국가들이 스스로 정하는 '자발적 기여'IDNC* 방식으로 바뀌었다. 교토 의정서는 전

---

* Intended Nationally Determined Contribution(INDC). 우리말로는 '국가별 자발적 감축 기여'로 번역될 수 있다. 해당 내용에는 온실가스 감축 목표 외에도 재정지원 및 기후변화 적응 등의 내용이 포함된다. 온실가스 감축 목표를 핵심으로 보기 때문에 통상적으로는 '국가별 자발적 온실가스 감축 목표'로 번역하여 활용되기도 한다. 파리 협정이 체결된 이후 INDC에서 'Intended'가 빠지고 NDC로 표기하고 있다.

지구적 목표를 수립하고 이를 달성하기 위해서 각국의 책임에 비례해 감축량을 할당하는 방식이었다. 그러나 파리 기후변화 협정은 NDC 제출은 의무로 하되, 이행은 각국이 국내적으로 노력하는 것으로 규정해 각국이 알아서 목표를 세우고 시행하는 자율 체제로 돌아섰다.

그러나 2015년 파리 회의에 각국이 제출한 INDC를 종합한 결과, 지구 평균 기온 상승은 3도에 이를 것이라는 분석이 나왔다. 그 탓에 파리 협정이 지구를 구하기 위한 마지막 비상구인 것이 맞느냐는 우려가 터져 나오고 있다. 다만 파리 협정은 당사국들이 5년마다 NDC를 갱신하도록 하면서 감축 목표를 이전 수준보다 강화해야 한다는 '진전 원칙'을 제시하고 있다. 이에 대한 기대도 있지만, 법적 구속력이 없어서 각국이 제출한 목표를 지키지 않았을 때에 제재 수단도 없기 때문에 실효성에 대한 의문이 사라지지 않고 있다.

한편 파리 협정을 통해 당사국들은 "지구 평균기온 상승을 산업화 이전 대비 2도보다 상당히 낮은 수준으로 유지하고, 1.5도로 제한하기 위해 노력"하기로 했으며, 이를 위해서 전 지구적 온실가스 배출 최대치를 가능한 한 조속히 달성하고 금세기 하반기에 온실가스의 순배출량을 제로(0)로 만들 것을 목표로 삼았다.

여기서 지구 평균 기온의 상승 저지 목표를 2도로만 정하지 않고 1.5도까지 언급한 것도 주목할 만하다. 오히려 이상하게 느낄 수도 있다. 즉 국제 협상을 통해 2도든 1.5도든 한 가지 명확한 목표를 설정해야 하는 것 아닐까 하는 의문을 가질 수 있다. 그러나 "(선진국들이 제안한) 2도 목표는 아프리카, 소규모 도서국, 그리고 전 세계의 가난하고 취약한 사람들의 죽음"(지구의 벗 인터내셔널 Nnimmo Bassey 대표, 2012; ToKar(2019)에서 재인용)이라는 비판을 기억해 두자. 그러면 두 가지 수치 목표가 제시된 것은 국제 협상장에서 보다 과감한 온실가스 감축을 요구한 기후 취약국과 NGO들의 투쟁 성과가 반영된, 타협의 결과라고 이해할 수 있다. 그리고 2018년 IPCC 1.5도 특별 보고서가 발표된 이후, 국제사회와 세계 각국은 2도가 아닌 1.5도 목표에 집중하기 시작하였다.

한편 파리 협정에는 국제 기후정의 운동들이 줄곧 요구해 왔던 '기후정의'와 '정의로운 전환'just transition 같은 용어들이 명시된 것도 주목할 만하다. 2002년에 발리에서 세계 각국의 활동가들이 모여서 기후정의 원칙을 선언한 것부터 따지자면, 국제 협정문에 '기후정의'가 언급되기까지 13년이나 걸린 셈이다. 그런데 이 협정문에 함께 명시된 '정의로운 전환'에 대해서 설명이 좀 필요하다. 간단히 말하면, 온실가스를 감축하는 탈탄소 전환 과정에서 요구되는 비용을 사회적으로 공평하게 분담하도록 해야 한다는 원칙이자 전략이다. 예를 들어 화석연료에 기반한 산업에 종사하는 노동자들과 지역 공동체들이 탈탄소 전환 과정에 일자리를 잃거나 지역경제 쇠퇴에 직면할 경우에, 이들에게 새로운 일자리를 보장하고 직업 훈련과 실업 급여 등을 지원하고 새로운 경제적 기회를 제공한다는 것이다. 미국의 선구적인 노동운동가인 토니 마조치로부터 시작된 아이디어가 발전하여 2000년 중반 이후, 국제 노동운동의 핵심적인 슬로건이 된 개념이다(김현우, 2014; 이정필, 2018). 이런 승인은 기후정의 운동 활동의 주요한 근거로 활용될 수 있을 것이다. 그러나 이런 용어들이 협약문의 전문preamble에 상징적인 차원에서 언급되었을 뿐 실제 의미는 크지 않다. 기후정의 국제재판소의 설치와 같은 사회운동의 요구는 고려조차 하지 않았으며, 개발도상국이 경험한 '손실과 피해'에 대한 선진국의 법적 책임과 보상 개념 등은 거부되었다. 파리 협정에도 불구하고, 아직 가야 할 길은 멀다.

기후과학과 국제 협상

국제사회의 기후변화 대응 노력은 기후변화에 관한 과학적 인식과 밀접하게 연계되어 있다. 기후변화에 관한 과학적 이해는 19세기 초 조셉 푸리에가 온실효과를 제안하면서 시작되었고, 이어 영국의 존 틴달은 이산화탄소, 메탄, 수증기 등의 온실가스를 발견하였다. 19세기 말 스웨덴의 스반테 아레니우스가 대기 중 이산화탄소 양의 변화가 지구 평균 기온의 변화로 이어질 것으로 예측하였는데, 이산화탄소 양이 2배가 되면 지구 평균 기온이 5도가량 상승할 것으로 추산하였다. 하지만 한동안 잊혔다가, 2차 대전 이후에 들어서 이루어진 '국제지구 관측'에서 대기 중의 이산화탄소가 증가하는 것을 발견하고(소위 '킬링 곡선(Keeling curve)'의 발견), 빙하, 만년설, 해저 퇴적물 등에 관한 방사성 동위원소 분석 등으로 과거 지구상에서 급격한 기후변화가 있었다는 점도 알려지면서 기후변화에 대한 관심이 되살아났다. 1970년대에 들어서부터 지구온난화 문제를 다루는 연구 그룹이 형성되고 관련 학술회의가 점차 늘어나면서, 기후변화에 관한 과학 지식이 축적되기 시작했다. 그러다가 1980년대 말 기후과학은 정치와 조우하면서(특히 1988년 미국 의회 상원이 개최한 청문회에서 기후변화를 경고한 제임스 한슨 박사의 증언 등으로), 기후행동의 필요성이 부각되고 IPCC의 설립과 UNFCCC의 체결로 이어졌다(김명진, 2008).

10장

잘못된 해결책들*

탄소 가격을 부여하라

우리는 어떻게 기후변화에 대응해야 할 것인가. 많은 이들은
'에너지 전환'을 주요 방안으로 제시하고 있다. 이미 설명했듯
온실가스 배출의 대부분은 화석연료 연소에 의한 것이기 때문
에, 그 사용을 줄이는 대신에 태양광, 풍력 등의 재생에너지 이
용을 확대하자는 것이다. 이와 더불어 비효율적인 에너지 사용
을 줄이기 위한 에너지 효율화 기술과 이용 관행의 변화 필요
성을 이야기하면서, 에너지 전환이 단순히 에너지원을 교체하
는 것 이상이라는 점도 강조하고 있다. 그렇다면 이런 에너지

---

* 이 장은 한재각(2010)을 요약하고 보완한 것이다.

전환은 어떻게 이루어질 수 있을까. 주류적 접근은 경제학자들이 제시하고 있는데, 온실가스 배출에 따른 외부비용을 상품과 서비스 가격에 반영하도록 하자는 것이다. 즉 '탄소 가격'을 부여한다는 해결책이다. 이렇게 하면 화석연료의 사용은 비싸지고 상대적으로 재생에너지나 에너지 효율화 기술이 저렴해져서, 시장에서 온실가스를 덜 배출하거나 배출하지 않는 기술이 선택되면서 전환이 이루어질 것이라고 생각한다. 따라서 최대의 관심사는 어떻게 '탄소 가격'을 부여할 수 있을 것인가가 되곤 한다.

탄소 가격을 부여하는 방법은 탄소세도 있겠지만, 신자유주의가 지배하던 국제사회에서 가장 인기를 얻은 것은 배출권 거래제Emission Trading라는 시장주의 접근이다. 배출권 거래제란 온실가스를 의무적으로 감축해야 하는 대상(기업)이 할당받은 배출권 이상으로 배출하였을 경우 초과한 양만큼 감축한 다른 기업으로부터 배출권을 사서 채울 수 있도록 허용하는 제도를 의미한다. 이를 통해 배출 기업들이 비용효율적인 수단을 발굴하여 온실가스를 감축할 수 있다고 가정한다. 배출권 거래제도는 1997년에 체결된 교토 의정서에서 청정개발 체제Clean Development Mechanism, 공동이행joint implementation과 함께 유연성 체제flexibility mechanism라는 이름으로 등장하였다. 2008년 유럽이 배출권 거래제를 도입하면서 처음으로 탄소 시장을 열었으며, 그 후에 호주, 뉴질랜드, 한국 등 여러 국가들로 확대되어 가고 있다. 또한 2015년 파리 협약에서도 탄소 시장은 기후변화의 주요한 대응 방안으로 재천명되기도 했다.

배출권 거래제, 공정하고 효과적인가

배출권 거래제는 국제 기후정의 운동이 오래전부터 잘못된 해결책이라고 비판해 왔다. 배출권의 발급과 거래라는 것은 결국 지구 대기라는 공유지를 사유화하려는 시도이며, 비용을 지불할 수 있다면 대기 중에 온실가스를 계속 배출해도 된다는 면죄부로 받아들여지고 있기 때문이다(기후정의 더반 그룹, 2004; 이진우, 2010). 또한 기업들에게 배출권을 할당하면서 과거 배출했던 양을 기준으로 삼고 심지어 무상으로 할당하면서, 기업들의 그간 배출량은 책임의 크기가 아니라 새로운 자산의 크기로 변모했다. 오히려 처벌받아야 할 이들에게 상을 주는 꼴이다. 게다가 배출권은 금융자본의 또 다른 투기 상품이 될 가능성을 경고하는 이들도 있다(구본우, 2010). 2008~2009년 금융자본의 무모한 투기로 엄청난 경제위기를 경험한 마당에, 이것은 섬뜩한 경고로 들린다. 특히 청정개발 체제에 대한 비판도 격렬하다. 개발도상국의 온실가스 감축을 지원해야 한다는 명분을 내세우지만, 선진국에서의 감축은 많은 비용이 드는 반면에 개발도상국에서는 보다 저렴하게 이루어질 수 있다는 계산 위에서 작동된다. 아래에서 REDD에 관한 쟁점에서 논의하면서 다시 보겠지만, 또 다른 환경제국주의라고 비판받고 있다(윤순진, 2008).

이런 비판들은 결국, 인센티브와 효율성을 강조하는 시장주의적 접근이 공정한 감축 방안인지 묻는 것이지만, 탄소 시장이 과연 효과적인가 하는 질문으로 확대될 수 있다. 배출권 거래제를 옹호하는 이들은 기후변화를 완화시키는 데 도움이 되는 행위가 돈벌이가 되어야 한다는 논리를 가지고 있다. 온실가스 감축을 위해 국가가 개입하여 규제를 도입하고 위반 시 벌칙을 부여하거나 세금을 부과하는 방식은 낡은 것으로 치부된다. 배출권이라는 자산을 만들어 내고 이를 획득하고 거래함으로써 누군가 이익을 얻을 수 있는 시장을 통해서만 거의 유일하게 감축이 가능하다고 그들은 생각한다. 뒤에서 살펴보게 될 지구공학적 발상까지 포함하여, 혁신적인 감축 방안을 실현할 수 있는 길은 배출권 거래제뿐이라고 생각하는 것이다. 그러나 기후변화를 시장의 실패 — 외부비용을 반영하는 탄소 가격이 부재하기 때문에 새로운 기술 도입과 확산이 이루어지지 않고 있다는 — 로 프레임하는 것이 타당한지 지속적으로 의 문이 제기되고 또 비판되었다. 여러 비판자 중에는 지속가능성 전환 연구자들(Rosenbloom et al., 2020)도 포함된다. 이들이 보기에 기후위기는 시장 실패와는 구별되는 '시스템의 실패'이며, 탄소 가격 문제는 그 실패의 일부에 해당할 뿐이다. 오히려 탄소 가격에 매달리는 것은 위기 해결의 기회만 날리게 될 것이다. 효율성을 강조하는 탄소 가격 접근은 이윤이 나는 손쉬운 감축만 추구하다가 끝낼 가능성이 높아, 기후위기 시대의 긴급하고 급격한 탈탄소 전환에 효과적이지 않다. 또한 단일한 탄소 가격을 전 세계, 더구나 농업을 포함한 다양한 부문에 부여한다는 발상은 순진한 것이며, 무엇보다도 기후위기를 돌파할 정치적 연합을 만들어 내기에도 적절하지 않다.*

그렇다면 2005년부터 발효된 교토 의정서하의 배출권 거래제 등의 성과는 어떠할까? 유럽 배출권 시장의 성과는 초라하거나 논란에 휩싸여 있다. 시범 운영기간 초기에 무려 톤당 5만

---

* 이외에도 배출권 거래제도 옹호자들이 더 많은 시장을 주장하는 신자유주의적 주장도 따지고 보면 국가의 강력한 규제를 필요로 하면서 그 자체로 모순적이며 (크리스 윌리엄스, 2008), 탄소 시장에 내재된 과학적 불확실성으로 인해서 제대로 작동될 수 있을지조차 의심스럽다(한재각, 2017; 래리 로만, 2008).

원까지 치솟았던 가격이 마지막에는 15원까지 폭락하였다. 게다가 무상으로 나누어진 배출권으로 기업들은 별 노력 없이 엄청난 이득을 얻었다. 영국 전력회사들은 과다 할당된 배출권 덕분에 이 기간 내에 연간 5억 파운드(대략 9천억 원)의 횡재를 얻었다. 이에 비해서 온실가스 배출이 과연 얼마나 감축되었는지 효과는 불투명하고 논란의 대상이 되었다(캐빈 스미스, 2006; 앤드루 심스, 2009). 이후 과다 할당된 배출권을 조정하고, 무상으로 나눠진 것을 유상 경매하도록 전환하는 등의 보완책이 나오고 있다. 탄소 시장 참여자의 도덕적 해이를 막자는 것이다. 그러나 유럽 배출권 시장은 여전히 온갖 사기와 협잡, 그리고 범죄가 판치는 곳이 되었으며(마크 샤피로, 2019: 7장), '정상적으로' 작동된다고 하더라도 2019년 현재 대부분의 배출권은 이산화탄소 톤당 2달러 미만에 머물러 있어 온실가스 감축에 제대로 기여하고 있는지 의심을 받고 있다(Resenbloom et al., 2020). 탄소 시장은 오히려 새로운 착취의 수단이거나 거대한 사기와 파국의 입구일지도 모른다.

REDD의 슬픈 이야기

이제 탄소 시장과 청정개발 체제 위에서 가동되는 REDD Reducing Emissions from Deforestation and forest Degradation에 대한 슬픈 이야기를 해 보자. 숲 훼손을 막아 탄소 흡수원을 보호하자는 명분으로, 개발도상국이 숲을 보호하는 노력에 배출권을 부여하고 경제적 보상을 해 주겠다는 제도이다. 최근에는 숲을 다시 조성할 때에도 경제적 보상을 하여 탄소 흡수원을 확대한다는 구상(REDD+)으로 발전되고 있다. 하지만 열대우림을 지키자는 명목상의 목적에도 불구하고, 숲에 의존해서 살고 있는 토착민들의 일방적인 희생을 강요하고 있다는 비난을 받고 있다(캐빈 스미스, 2006). REDD를 위한 국내외 제도들은 흡수원으로 간주되는 열대우림의 일정 지역을 묶어 모든 형태의 토지 이용을 불허하면서, 대대로 열대우림에서 의식주에 필요한 것들을 얻어 왔던 토착민들의 숲 출입을 금지하거나 또 이주를 요구하고 있다. 열대우림의 토착민들이 배출한 온실가스가 거의 없을 뿐만 아니라, 각종 개발로부터 열대우림을 지키려 노력해 온 사람들이 바로 그들이라는 점을 생각하면, 이것은 부정의할 뿐만 아니라 황당한 일이 아닐 수 없다. 게다가 열대우림 보존으로 발생하는 배출권 이익은 토착민이 아닌 정부나 기업의 주머니만을 불릴 뿐이다.

　신규 조림과 산림 복원을 통한 탄소 감축 제도인 REDD+도 문제가 있긴 마찬가지다. 특히 생물종 다양성이 크게 훼손될 우려가 나오고 있다. 신규 조림의 경우 자연생태계 복원에 관한 조항이 거의 없다. 따라서 신규 조림을 원하는 기업이나 국가는 이익을 최대화하기 위해 온실가스 흡수 효과가 높거나 성장이 빠른 수종으로 단일하게 조림을 진행할 가능성이 높다. 대표적인 예로 토양 고갈이 빠른 종인 팜오일 농장을 들 수 있다. 심지어 성장 속도를 높이기 위해 유전자조작 나무까지 논의되고 있다. 단일 품종으로 대규모로 조성된 숲은 오히려 기후변화와 같은 환경 변화에 더욱 취약해질 수 있다. 이런 우려 때문에 지구의 벗 인터내셔널은 2008년 「REDD 신화」라는 보고서를 통해 REDD 제도를 전면 폐지하라고 요구하기도 했다(FoE international, 2008). 하지만 파리 기후협정은 REDD 역시 배출권 거래제와 같이 광범위하게 인정했고, 2020년 이후에 본격적으로 시행될 예정이다.

지구공학의 무모한 환상

한편 기후변화의 심각성에 비해 인류의 대응이 미진한 것에 실망한 이들은, 시장주의 접근과 함께 기술적 해결책에서 희망을 찾으려고 한다. 예컨대 미국에서 베스트셀러가 된 『괴짜 경제학』의 저자로 유명한 스티븐 레빗 같은 경제학자들도 그런 사람 중 하나일 것이다. 그들은 후속작인 『슈퍼 괴짜 경제학』에서 지구온난화 경향을 완화하기 위한 방안으로 성층권에 황산염 입자를 인위적으로 뿌려 지구적 차원의 냉각 효과를 얻으려는 기술적 해결책(즉 '지구공학'Geo-engineering)을 제시하고 있다(스티븐 레빗 외, 2009). 태양으로부터 들어오는 에너지를 조절한다는 원대한 구상은 공상과학SF이라고 조롱도 받고 있지만, 대담한 과학자들과 이를 지원하는 정부와 기업인(이중에는 세계 최대의 부자, 빌 게이츠도 포함된다)들의 보폭은 과감하다. 1991년 필리핀 피나투보Pinatubo 화산의 폭발로 성층권까지 황산염이 퍼진 결과로 관찰된 지구 냉각 효과를 모방한 소위 '인공 화산' 프로젝트에서부터, 심지어 10년간 매 5분마다 8천 개의 로켓을 쏘아 올려 우주 공간 밖에 그늘막을 설치하여 태양에너지 복사량을 줄이려는 계획까지 펼쳐지고 있다. 이런 구상을 '태양복사 관리'Solar Radiation Management: SRM라는 그럴싸한 이름으로 부르고 있다(나오미 클라인, 2016: 특히 8장).

  그동안 국제 기후 협상의 장에서 흡수원에 대한 고려는 육상 생물권에서 나무 등을 통해 탄소를 흡수하여 저장하는 것(REDD)에 국한되었을 뿐, 해양 생물권은 탄소 순환에 관한 불충분한 지식과 불확실성으로 제외되었다. 그러나 이제는 지구공학적 구상의 큰 두 줄기 중 하나(소위 '온실가스 교정')로 '해양 흡수원'을 이용하려는 시도가 일어나고 있다. 해양에 대한 철분 시비iron fertilisation 프로젝트가 대표적일 것이다. 바다의 플랑크톤이 광합성 작용을 활발하게 하도록, 일종의 철분 비료를 해양에 살포하여 이산화탄소를 대거 흡수하도록 한다는 계획이다. 사실 육상에서 숲을 통해 이산화탄소를 흡수·저장한다는 계획이 교토 의정서에서 승인되었으니, 해양에서라고 그렇게 하지 말아야 할 규범적인 이유는 없는 셈이다. 문제가 있더라도 또 다른 기술적 해결책은 나올 것이라는 낙관주의가 팽배하다. 이외에도 '자연적인' 숲이 아닌, 이산화탄소 흡수력이 높은 인공 나무를 개발하려는 계획도 진지하게 검토되고 있다. 이러한 기술적 구상은 '이산화탄소 제거Carbon Dioxide Removal: CDR 기술' 혹은 '네거티브 배출negative emission 기술'이라고 불린다.* 그리고 이 모든 기술적 구상들은 탄소 시장의 탄소 가격 체제를 통해 경제성을 검증받고 선택될 것이라고 가정한다.

현상 유지론의 다른 이름

그러나 지구공학은 현상 유지론의 다른 이름일 수 있다. 미래에 개발될지 모르는 기술에 기대를 걸면서, 지금 당장 시작하고 가속해야 할 감축 노력을 미루는 핑계가 되고 있기 때문이다. 이는 현재의 탄소 경제에 걸린 이해관계를 지키려는 의도로부터 나올 수 있다. 사실 지구공학의 옹호론자들은 국제적/일국적 차원에서의 온실가스 감축 노력이 실패하기를 바라는 것처럼 보이기까지 한다. 예를 들어 항공사를 소유한 버진 그룹의 백만장자 리처드 브랜슨Richard Branson은 "지구공학을 이용할 수 있다면, 코펜하겐 협상은 필요 없다. 우리는 비행기를 타고 자동차를 계속 몰 수 있다"고까지 주장했다(Goodell, 2010: 225에서 재인용).

---

* 과학자들은 '이산화탄소 제거' 개념을 "대기 중에서 CO_2를 흡수하여 지질, 육상, 해양 저장소 또는 생산물에 영구적으로 저장하는 인위적 활동"으로 설명하고 있다.

지구공학은 새로운 위험을 야기할 수도 있다. 예를 들어 교토 의정서에서 해양 생물권을 흡수원에 포함하지 않은 것은 왜일까? 대기-해양 사이의 탄소순환에 관한 과학적 불확실성이 커서, 제안된 철분 시비 프로젝트가 진행될 경우 어떤 부작용이 있을지 정확히 이해하지 못한 것이 중요한 이유였다. 또 지구공학이 모방하고자 한 피나투보 화산의 폭발은 단순히 지구 기온을 낮추기만 한 것이 아니다. 지구 곳곳에 강력한 태풍과 홍수 등의 기상 이변을 야기해 큰 피해를 입혔다. 이런 불확실성과 부정적 영향의 가능성 때문에 지구공학은 지구 전체를 대상으로 한 무모한 '실험'이 될 것이라고 비판받고 있다(ETC Group, 2010).*

지구공학적 구상은 기후위기에 대한 우려가 심화되는 속에서 모습을 바꿔 가며 반복적으로 등장한다. 최근에는 IPCC 1.5도 특별 보고서가 권고하고 있는 2050년 '순배출 제로'net

---

* 게다가 지구공학은 상대적으로 저렴한 비용으로 이루어질 수 있어서, 개별 국가나 기업, 심지어는 빌 게이츠와 같은 부유한 개인에 의해서도 시행될 수 있다. 영향 ― 예상하지 못했던 불행한 효과까지 포함해서 ― 은 전 지구적으로 나타나게 되겠지만 그에 관한 결정은 일부 국가, 과학자, 기업 등에 의해서 이루어진다는 것이 정당한가 하는 의문이 제기될 수밖에 없다. 결국 기후변화를 다루고 있는 유엔의 다자주의적 접근은 위축되며 몇몇 선진국에 의한 일방주의가 더욱 강화될 것이라는 우려도 나오고 있다.

zero 목표와 관련하여 등장하고 있다.* 순배출 제로를 달성하기 위한 방법으로 이산화탄소를 제거하기 위한 CDR 기술이 거론되고 있다. 특히 IPCC 1.5도 특별 보고서는 '바이오에너지–탄소포집저장'Bio-energy Carbon Capture Storage: BECCS을 강조하고 있다.** BECCS 기술은 숲을 조성하여 대기 중에서 이산화탄소를 흡수한 후, 이를 벌목·가공하여 전력 및 열 등을 생산하는 연료로 사용하고, 마지막 단계에서 다시 대기 중에 배출될 이산화탄소를 포집하여 지하 등에 저장한다는 구상을 실현해 줄 수 있다. 하지만 BECCS 기술의 사용은 '식량 안보'와 충돌할 수 있다. 이산화탄소를 흡수하는 나무 등을 키우기 위한 토지는 이산화탄소 기가톤(Gt)당 30~160Mha(재배하는 수종에 따른

---

* '순배출 제로'는 화석연료 연소로 배출하는 이산화탄소량을 숲이나 기타 기술적 방안을 통해 대기 중으로부터 이산화탄소를 제거한 양을 빼서 배출량을 제로(0)로 만든다는 것을 의미한다. 하지만 '순배출 제로' 개념은 과감한 온실가스 감축 노력을 회피하거나 연기하는 수단으로 악용될 가능성이 높다. 혹시 있을 오해를 피하기 위해서 말하자면, 순배출 제로에 대한 비판이 1.5도 목표를 부정하는 것은 아니다. 오히려 화석연료 연소로 배출되는 이산화탄소 양을 제로(0)로 하자는 제안과 연결된 것으로, 보다 급진적인 '배출 제로' 주장으로 이어진다(한재각, 2019).

** 이와 함께 핵발전도 기술적 선택지로 포함하면서 논쟁을 야기하고 있다. 다른 나라의 기후정의 운동과 마찬가지로, 한국의 '기후위기 비상행동'도 핵발전은 기후위기의 해결책이 아니라는 점을 명시하고 있다(기후위기 비상행동, 2019)

차이)가 필요다고 추정된다. 만약에 20Gt(2017년 배출량의 대략 절반 정도)를 흡수하고자 한다면 600~3,200Mha가 필요하다. 그런데 전 지구적으로 곡물 생산을 위해 사용하는 토지의 면적이 대략 1,500Mha인 것을 고려하면, 식량 생산을 위한 토지 활용과 충돌할 가능성이 대단히 높은 것이다(Christian Holz, 2018). 어쩌면 온실가스를 제거할 것인가, 아니면 굶을 것인가 하는 양자택일의 순간을 강요받게 될는지 모른다.

11장

경제성장을 지속하면 줄일 수 있나?

코로나19 재난, 온실가스 배출 곡선을 꺾다

2019년 12월, 중국 후베이 성의 우한 시에서 최초로 발생한 것으로 알려진 코로나19 바이러스 감염증은 전 세계로 퍼져 나가고 있다. 세계보건기구는 작년(2020년) 3월 12일, '코로나19 팬데믹'을 선언하고 전 세계 국가들이 방역에 나섰지만, 전 세계에서 8,900만 명의 확진자가 발생했으며 그중에서 192만 명이 사망하는 대재난이 이어지고 있다(2021년 1월 현재). 많은 국가들이 이 전염병의 확산을 막기 위해 국경을 폐쇄하고 시민들에게 집에 머물도록 요청하거나 심지어 명령하였다. 항공기는 지상에 주기되었고 도로 위에서 자동차는 사라졌으며, 공장은 멈춰 섰고 상점들은 문을 닫았다(한국은 초기 소위 'K-방역'의 성공으로 그 충격이 상대적으로 덜했지만, 2020년 말의 3차 대유행 앞에서 큰 타격을 입었다). '경제가 멈추면서' 역설적인 장면이 드러났다. 인간과 기계가 물러난 도시 거리에 퓨마와 같은 야생 동물이 어슬렁거렸으며, 인적이 끊긴 해변에는 멸종 위기에 처한 거북이들이 산란하려고 모습을 드러냈다. 또한 공장과 자동차가 뿜어내던 대기오염 물질이 줄어들면서 하늘이 맑아졌다. 인도의 델리 같은 도시에서는 수십 년 만에 만년설의 히말라야 산맥을 볼 수 있게 되었다.

이렇게 코로나19 재난이 경제를 멈춰 세우면서, 세계은행은 2020년의 전 세계 경제성장률을 −4.3%로 추정하고 있다(『뉴시스』 2021. 1. 6). 그리고 이는 다시 온실가스 배출도 대폭 감축시켰다. 일단위로 볼 때 작년의 같은 기간에 비해 최대 17%의 배출이 줄어들기도 했다(『한겨레』 2020 5. 20). 방역의 성공 여부 등에 영향을 받겠지만, '카본 브리프'Carbon Brief 연구자의 예측에 의하면 2020년의 온실가스 배출 감소는 7%에 달할 것으로 전망되고 있다(McSweeney and Tandon, 2021). 코로나19 재난의 충격은 너무나 거대해서 인류 역사의 어떤 사건 — 예컨대 2008~2009년의 국제 금융위기, 심지어 제2차 세계대전 — 보다 더 급격한 온실가스 배출량 감축이 일어나고 있다. 그러나 불행하게도 유엔환경계획UNEP은 1.5도 목표를 달성하기 위해서는 2030년까지 연간 −7.6% 씩 감축이 이뤄져야 한다고 분석하고 있다(UNEP, 2019). 이 점을 상기해 보면 코로나19 재난이 야기한 충격보다 더한 것을 매년 감당해야만 기후재앙을 피할 수 있다는 셈이 나온다. 물론 코로나19 재난은 계획된 것도 아니고 그 대비책을 미리 준비한 상황에서 대면했던 것도 아니다. 반대로 인류는 계획적으로 빠른 시일 안에 보다 급격한 온실가스 감축을 준비해야 하는 상황이다.

탈동조화의 길, 탈성장의 길

두 가지 길이 있다. 하나는 탈동조화decoupling의 길이며 다른 하나는 탈성장de-growth의 길이다. 탈동조화의 길은 경제성장에 대한 기대 혹은 미련을 놓지 못한 채 온실가스 배출을 대폭 줄일 방법이 있다고 믿는다. 에너지 효율성을 높이며 IT 기술을 이용한 경제의 탈물질화를 자주 언급한다. 탈성장의 길은 한정된 지구 생태계 안에서 지속적인 성장은 불가능하며 성장을 포기해야만 목표로 하는 급격한 온실가스 감축을 달성할 수 있다고 믿는다. 우리는 어떤 길을 선택해야 할까? 전자는 모든 이들을 만족시킬 수 있는 길처럼 보이며, 후자는 환영받기 힘든 길로 보인다.

영국의 지속가능발전위원회의 경제위원이었던 팀 잭슨Tim Jackson의 이야기를 들어 보자(팀 잭슨, 2013). 그는 환경과학에서 널리 받아들여지고 있는 에를리히 방정식을 이용해서 어떤 선택이 불가피한지 보여주고 있다. 이 방정식은 인구수와 부(소득), 그리고 기술 요소들이 어떻게 환경에 영향을 미치는지를 설명해 주고 있다.

$$I = P \times A \times T$$

여기서 I는 환경영향(기후변화를 야기하는 온실가스 배출 총량으로 생각할 수 있다), P는 인구, A는 부의 수준(1인당 소득), T는 기술 요인(단위 소득당 온실가스 배출량)을 의미한다. 이미 잘 알려져 있다시피 전 세계 인구(P)는 계속 증가하고 있으며 부의 불평등이 극심하기는 하지만 1인당 평균 소득(A)도 계속 증가하고 있다. 이러한 추세가 계속되고 또한 계속되어야 한다면, 기후위기를 해결하기 위해서 온실가스 배출을 극적으로 줄일 수 있는 방법은 기술 요인(T)을 크게 개선하는 것이다. 여기서 기술 요인이란 온실가스를 배출하지 않거나 아주 적게 배출하는 재생에너지나 에너지 효율 기술 등을 의미하게 된다.

[그림 8] 2007년도 현재의 이산화탄소 배출 집약도와 450ppm 목표 달성을 위한 수준

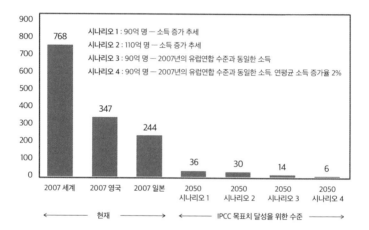

(출처: 팀 잭슨(2013: 109))

그런데 문제는 기술 개선을 통해서 달성해야 할 목표가 상상을 초월한다는 것이다. 팀 잭슨의 계산에 의하면, 다양한 가정을 가진 시나리오에 따라 대기 중 온실가스 농도를 450ppm으로 안정화시키려면 전 세계 배출 집약도(부가가치 1달러당 이산화탄소 배출량)는 2050년까지 최소 $36gCO_2/\$$에서 최대 $6gCO_2/\$$까지 줄여야 한다. 2007년 영국의 탄소 집약도인 $768gCO_2/\$$를 기준으로 할 경우, 무려 21분의 1에서 128분의 1까지 줄여야 한다. 즉 매년 7%에서 10.7%의 급격하고 지속적인 효율 향상이 이루어져야 한다는 것을 의미한다(그림 8 참조).

그런데 각 시나리오들의 가정을 주의 깊게 살펴볼 필요가 있다. 시나리오 1과 2는 지금까지 그랬던 것처럼 2050년까지 전 세계 경제가 연평균 1.4%씩 성장한다는 것을 전제하고 있다(인구수 추정치에는 차이가 있다). 그러나 선진국, 개발도상국 그리고 미개발국 사이의 경제적 격차를 외면한다. 반면에 시나리오 3은 2050년에 전 세계 사람들이 모두 2007년의 유럽연합 수준의 소득을 가진다고 가정하며, 시나리오 4는 2050년까지 전 세계 사람들이 2007년의 유럽연합 수준의 소득을 가질 뿐만 아니라 매년 2%의 경제성장을 한다고 가정한다. 우리가 지속적으로 경제성장을 할 뿐만 아니라 평등주의 입장에서 전 세계 인구가 동일한 경제적 부를 누려야 한다고 생각하면,

인류가 달성해야 할 기술적 혁신의 목표는 극단적이다. 그래서 팀 잭슨은 다음과 같이 결론을 짓고 있다.

> 진실을 말하자면, 90억 명의 세계를 위해서 지속적으로 소득을 증가시킬 수 있는 확실하고, 사회적으로 공정하고, 생태적으로 지속가능한 시나리오는 아직 없다. (중략) 자원 효율성 제고, 재생가능에너지의 활용과 자원처리량의 감소는 모든 경제활동의 지속가능성을 유지하는 데 중요한 역할을 한다. 그러나 이 장에서 분석한 결과는 탄소 배출의 '대폭적인' 감축과 자원 절감이 시장경제 구조에 맞서지 않고도 달성될 수 있다는 가정은 공상에 지나지 않음을 보여준다(팀 잭슨, 2013: 116).

이런 팀 잭슨의 분석은, 지속적인 성장에도 불구하고 온실가스 배출을 감축할 수 있다는 탈동조화의 길에 의구심을 품게 하지만, 만약 가능하더라도 지구적 불평등을 외면한 경우에만 그 확률이 조금 더 높아진다는 점을 보여준다.

그 탓에 오히려 지속적인 경제성장과 결별하고 이를 추동하는 시장경제와 맞서며 지구적 불평등의 해결을 추구하는 탈성장의 길에 주목하게 된다. 물론 탈성장이 코로나19 재난처럼, 어떤 충격으로 인해서 GDP로 측정되는 경제지표의 급격한 하락으로 나타나게 될 '경제 붕괴' 혹은 '경기 침체'를 의미하는 것은 아니다. 기술 효율성을 높이려는 노력만이 아니라 질서 있는 경제 규모의 축소로 자원 사용량과 폐기물의 배출량을 과감히 감축하려는 시도라고 할 수 있다. '질서 있는 축소'는 경제 시스템이 시민들의 삶을 뒷받침하는 기반으로서 제 기능을 유지하고 동시에 지금까지의 사회적 불평등을 완화 혹은 해소해 가면서, 물질 처리량을 줄여 나가는 것을 의미한다(Kallis, 2017; Mastini et al., 2021).

축소와 수렴 모형

그렇다면 탈성장의 길에서 온실가스 배출을 누가 얼마나 줄여야 할 것인가? 국제적 수준에서 이 질문에 대한 한 가지 대답이 '축소 및 수렴'Contraction & Convergence 모형이다. 이는 영국에 기반을 두고 있는 Global Commons Institute(GCI)라는 연구기관이 기후변화 위기에 대응하기 위한 원칙으로 제시한 '형평성과 생존'equity and survival 전략에 따른 것이다. 인류가 생존하기 위해서는 온실가스 배출을 과감히 줄어야 하는데, 그 과정에서 형평성이 보장되어야 한다는, 간단하지만 핵심적인 생각을 담고 있다.

이 전략에 따르면 방글라데시와 같이 수많은 개발도상국과 미개발국이 (근대적인) 에너지 사용에서 계속 소외받도록 방치해서는 안 되며, 지금까지 에너지를 많이 소비해 왔던 미국과 같은 선진국이 온실가스를 대폭 감축해야 한다. 즉 엄청난 1인당 온실가스 배출량을 나타내고 있는 미국을 비롯하여 OECD 국가들(당연히 한국도 포함된다)은 급격히 온실가스 배출을 감축해야 한다. 이에 반해서 인도와 중국을 포함하여 나머지 국가(미개발국 및 개발도상국)은 1인당 온실가스 배출량에서 약간의 상승을 허용한다. 즉 미국인들은 지금의 자원 소모적이고 온실가스 다배출적인 삶을 포기하고 보다 지속가능한 방식으로 변화해야 하는 반면, 많은 미개발국과 개발도상국들은 지금의 열악한 삶을 개선하기 위해서 현재보다 자원 및 에너지 이용을 확대할 수 있어야 한다는 이야기다. 물론 개발도상국과 미개발국들이 모범으로 삼아야 할 것은 당연히 지금의 미국적 삶이 아니다. 2030년 이후부터는 선진국들과 함께 현재의 개발도상국과 미개발국들도 1인당 배출량을 줄여 나가면서, 전 지구적인 배출량을 감소시켜야 한다. 즉 2030년까지 세계 각국들의 1인당 배출량은 하나로 '수렴'되면서, 이후 전체적으로 '축소'해 가야 한다는 것이다(그래서 축소 및 수렴 모형이다).

코로나 위기와 탈성장

탈성장을 강조하는 연구자와 활동가들은 코로나 위기에 직면하여 "미래를 새롭게 상상"하자며 제안하고, 아래와 같이 주장한다(degrowth.info 웹사이트).

첫째, 경제 체제의 중심에 생명을 위치시켜야 한다. 경제성장과 낭비적인 생산 대신 생명과 복지가 우리 노력의 중심에 자리해야 한다. 화석연료 생산, 군수 및 광고와 같은 경제의 일부 부문은 가능한 한 빠르게 단계적으로 폐지되어야 하지만, 보건의료, 교육, 재생가능에너지, 생태농업과 같은 다른 부문들은 육성되어야 한다.

둘째, 모두를 위한 좋은 삶을 위해 어떤 노동이 얼마나 필요한지를 근본적으로 재평가해야 한다. 우리는 돌봄 노동에 더 중점을 두어야 하며, 코로나 위기 동안 필수적인 것으로 입증된 직종들에 대해 적절하게 가치를 부여해야 한다. 파괴적인 산업에 종사하는 노동자들이 보다 재생적(regenerative)이고 깨끗한 새로운 유형의 일을 할 수 있도록 훈련을 제공하는 '정의로운 전환'이 보장되어야 한다. 전반적으로 우리는 노동시간을 단축하고 일자리 나누기를 위한 제도를 도입해야 한다.

셋째, 핵심적인 재화와 서비스의 제공을 중심으로 사회를 조직해야 한다. 낭비적인 소비와 여행은 줄여야 하지만, 식량, 주택과 교육에 대한 권리를 포함한 인간의 기본적 필요는 보편적 기본 서비스 혹은 보편적 기본소득 등을 통해 모든 이들에게 보장되어야 한다. 더 나아가 최저 및 최대 소득이 민주적으로 정의되고 도입되어야 한다.

넷째, 사회를 민주화해야 한다. 이는 모든 이들이 자신의 삶에 영향을 미치는 의사결정에 참여할 수 있도록 해야 함을 의미한다. 특히 소외된 사회 집단의 참여가 확대되어야 하며 페미니즘의 원칙이 정치와 경제 체제에 적용되어야 함을 의미한다. 글로벌 기업과 금융 부문의 권력은 민주적 소유와 통제를 통해 대폭 축소되어야 한다. 에너지, 식량, 주택, 보건의료, 교육 등 기본적 필요와 관련된 부문은 탈상품화되고 탈금융화되어야 한다. 또한 노동자협동조합과 같이 협력에 기초한 경제활동이 육성되어야 한다.

다섯째, 정치경제 체제를 연대의 원칙에 기초하여 구축해야 한다. 현재와 미래 세대 간, 국가 내 사회집단 간, 그리고 남반구와 북반구 간의 화해는 초국적, 교차적(intersectional), 그리고 세대 상호 간 재분배와 정의에 기초해야 한다. 특히 북반구는 현재 형태의 착취를 중단하고 과거의 착취에 대해 보상해야 한다. 급속한 사회-생태적 전환을 인도하는 원칙은 '기후정의'가 되어야 한다.

12장

코로나19 재난과 그린뉴딜

우리는 소수의 사치를 위해서 다수가 고통 받는 일을 용인하였던 '정상'으로 돌아가지 않을 것이다. 정치인은 지금까지의 체제를 신속히 재개하려 하지만, 사회운동은 사람들과 지구를 모두 죽이는 이전의 '정상'으로는 돌아가지 않을 것임을 분명히 했다(Global Campaign to Demand Climate Justice 웹사이트).

그린뉴딜의 재등장

기후위기에 직면하면서 여러 연구자들과 활동가들이 그린뉴딜Green Newdeal을 제안하고 있다(이유진, 2019; 제레미 리프킨, 2020; 김병권, 2020; 김상현, 2020). 1920~1930년대 대공황 시기, 미국의 루즈벨트 대통령이 추진했던 뉴딜 정책의 기억을 기후위기 시대에 되살려 낸 것이다. 과감한 재정투자, 부자들에 대한 중과세, 노동자들의 권리 확대 등으로 대표되는 뉴딜 정책은, 아래로부터의 사회운동과 연결되어 경제공황을 극복하고, 유럽의 여러 국가들이 파시즘으로 빠져든 것과 달리 미국이 민주주의를 지키며 사회적 형평성을 진작시키는 길을 걸을 수 있도록 했다. 그리고 2008~2009년 전 세계적인 금융위기가 시작되자 세계는 거의 한 세기 전의 뉴딜을 다시 떠올렸고, 여기에 더해 경제를 회복하기 위한 대규모 재정을 온실가스 감축과 환경보호 분야에 쏟아붓자는 새로운 발상을 더했다. 그렇게 그린뉴딜 제안이 일찍이 등장했고, 재생에너지에 대한 관심과 투자가 살아났고 에너지 효율화를 높이기 위한 노력도 지원받기 시작하였다.

그러나 당시 그린뉴딜은 한국에서 이명박 정권의 '녹색성장'처럼, 몇몇 '위로부터의 정책' 프로그램 중 하나로 잠시 주목받다가 사그라졌다. 참신한 제안이었지만, 뉴딜의 경험을 대규모 토목 공사와 적극적 재정투자 정도로 좁게 해석했을 뿐만 아니라, 기후위기 해결의 절박성도 부족했다. 무엇보다도 그린뉴딜을 저돌적으로 추진하며 그것이 또 하나의 쇼, 혹은 기후위기를 또 하나의 이윤 추구 기회로 삼는 '재난 자본주의'의 기획으로 끝나지 않도록 견제해 나갈 기후정의 정치가 부족했다

(Mastini et al, 2021).

그러나 10년 뒤 등장한 그린뉴딜은 모습을 달리했다. 혜성처럼 등장한 미국의 젊은 '민주적 사회주의자', 알렉산드리아 오카시오 코르테스Alexander Ocasio Cortes: AOC 하원 의원과 민주당 대통령 후보로 두각을 나타냈던 버니 샌더스 상원 의원이 그린뉴딜을 다시 꺼내 들었다. 이는 단지 제도 정치 내에서의 움직임만은 아니다. 사회적 불평등의 해결을 내걸고 미국 정치에 새로운 바람을 일으켰던 AOC와 함께 활동하고 있는 민주적 사회주의자들은 기후위기 해결을 촉구하는 청년 세대들의 '선라이즈 무브먼트' 등과 손을 잡으면서, 이를 선도하고 또 뒷받침하고 있다. 2030년까지 전기와 교통 에너지를 100% 재생에너지로 공급하고 2050년까지 모든 에너지를 탈탄소화하겠다고 공약하거나(버니 샌더스의 대선 공약), '최전선 약자 공동체'Frontline communities에 대한 역사적 억압을 인정하고 이를 방지하며 과거의 부정을 바로잡겠다는 핵심 목표(AOC 등의 그린뉴딜 결의안)는 기후정치를 급진화시키고 기후정의를 부각하고 있다. 2018년 IPCC의 1.5도 특별 보고서와 그레타 툰베리로 대표되는 청소년 기후행동을 비롯한 광범위한 전 지구적 기후운동은 이런 그린뉴딜을 더욱 주목받게 만들고 있다.

기후위기와 사회적 불평등 문제를 동시에

지금의 그린뉴딜과 2000년대의 그것을 구분할 가장 중요한 측면은 기후위기뿐만 아니라 갈수록 심화되는 국제적·사회적 불평등의 해결에도 초점을 맞추고 있다는 점이다. 경제가 성장하고 무역이 활성화되면 자연히 해결되리라던 불평등은 지속되고 심지어 심화되고 있다. 전 세계 83명의 부자가 35억 명의 사람들이 가진 부와 같다는 — 비현실적으로 느껴지는 — 사실 하나만으로도 이 불평등이 얼마나 심각한지 알 수 있다. 이는 개발도상국이나 저개발국만의 문제가 아니다. 아카데미상을 휩쓴 영화 〈기생충〉을 두고 한 미국 언론은 한국의 불평등한 현실을 악몽과 같이 묘사했다고 논평하면서, 한국에서 상위 1%가 전체 부의 25%를 차지한 반면, 하위 50%는 전체 부의 1.8%를 가지고 있을 뿐이라 소개했다. 물론 미국의 불평등은 더 극심하다고 고백하며, 상위 1%의 부가 전체의 38.6%를 차지하지만 하위 50%는 −0.1%, 즉 심지어 빚을 지고 있다고 분석했다(*The Washington Post* 2020. 2. 14). 이런 불평등은 (특히 선진 산업국에서) 소득 측면에서만 아니라 자산 측면에서도 나타나면서 부의 세습이 구조화되고 있다. 다시 말해, 미래에도 경제적 불평등은 해결되지 않은 채 더욱 심화될 것이라는 말이다.

그런데 다시 강조하건대 이런 경제적 불평등과 기후불평등은 별개가 아니다. 전 지구적으로 경제적 부가 극히 일부 사람들에게 집중되는 것처럼, 전 지구적으로 배출되는 온실가스량의 대부분도 그들 탓이다. 전 세계 소득의 52%를 차지하는 상위 10%의 부자들이 전 세계 온실가스의 49%를 배출하고 있다. 전 세계 소득불평등을 보여주는 샴페인 잔 모양의 그래프와 온실가스 배출량의 불평등을 보여주는 그래프가 거의 정확히 일치하는 것은 결코 우연이 아니다(그림 9 참조).

　더 많이 소유한 자들이 더 많은 사치를 누리며, 결국 더 많은 온실가스를 공유지인 대기 속으로 쏟아내고 있는 것이다. 다시 말해 부자들이 온실가스를 배출하여 기후위기를 야기하고 심화시키고 있다. 따라서 빈국과 빈자들의 희생 위에 쌓인 부국과 부자들에게 편중된 부, 그리고 그에 따른 사치적 소비를 중단시키지 않고서는 기후위기 역시 해결할 수 없다. 이것이 2009년 코펜하겐 이래 기후변화 국제 협상장 밖에서 외쳐졌던 "기후가 아니라 시스템을 바꿔라!"라는 기후정의 운동의 슬로건에 담겨진 의미다. 시스템을 바꿔야 한다고 외치는 것은 단지 기후변화 때문만이 아니라, 이 시스템이 너무도 불평등하여 고통스럽기 때문이다.

[그림 9] 전 세계 소득 불평등과 온실가스 배출의 불평등

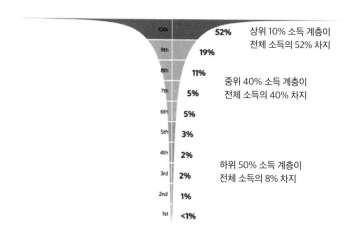

전 세계 인구의 소득 불평등

상위 10% 소득 계층이
전체 소득의 52% 차지

중위 40% 소득 계층이
전체 소득의 40% 차지

하위 50% 소득 계층이
전체 소득의 8% 차지

(출처: Civil Society Equity Review Coalition, 2019)

전 세계 인구의 소득 분위별 온실가스 배출량

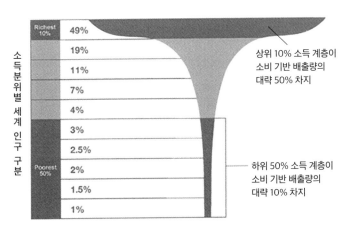

상위 10% 소득 계층이
소비 기반 배출량의
대략 50% 차지

하위 50% 소득 계층이
소비 기반 배출량의
대략 10% 차지

(출처: Oxfam, 2015)

코로나19 재난과 기후위기의 원인은 동일하다

미국에서 일어나기 시작한 그린뉴딜 담론이 영국 노동당의 '녹색산업혁명' 등 유럽을 거쳐 전 세계 기후정의 운동에 영감을 불러일으키기 시작한 때, 갑작스럽게 찾아온 코로나19 재난은 그런 담론의 필요성과 가능성을 또 다른 방식으로 보여주었다. 코로나19 재난을 겪으면서 우리가 가장 많이 들었던 말은 '사회적 거리두기'였다. 감염되어 있을지 모를 타인으로부터 나를 보호하기 위해 서로 의심을 가지고 멀찍이 떨어져 사는 것이 이 전염병 시대의 합리적 대안으로 부각되었다. 여기에 더해진 마스크는 전 세계인의 필수품이 되었으며 기본 패션이 되어 문화적 감각까지 바꾸고 있다.

그런데 세상을 뒤흔든 이 감염병은 어디에서 온 것일까? 코로나19 바이러스가 유발한 이 질병은 인간과 동물이 함께 앓는 것으로, 그 유래를 정확히 알 수는 없지만 박쥐와 같은 야생동물을 통해서 인간 사회에 전파되었다고 알려져 있다. 이것은 갑작스러운 일이 아닌데, 새로운 감염병의 60%가 인수공통 감염병이며 이중 약 72%가 야생동물로부터 유래한 것으로 보고되고 있기 때문이다. 그렇다면 인간과 동물이 같은 질병을 공유하는 일이 왜 점점 많아지게 된 것일까? 한마디로 말하자면, 야생 동물과 인간들 사이의 '거리두기'에 실패한 탓이다. 그리고 기업들이 광산 개발, 농지 개간, 도시 개발, 댐 건설 등으로 숲을 파괴하여 야생 동물들의 서식지를 잠식한 결과이다. '인간 서식지'와 멀리 떨어져 살던 야생 동물들이 사람들과 거리두기를 할 수 없도록 만든 결과가 인수공통 감염병의 증가이다. 그리고 이러한 산업적 개발 행위는 기후변화를 야기하는 원인도 된다는 점에서, 코로나19 재난과 기후위기는 동일한 원인에 의한 두 가지 결과라고 할 수 있다. 따라서 코로나19 재난과 같은 인수공통 감염병의 근본적인 해결 혹은 예방은 기후위기를 해결하는 과정에서 얻어질 것이다.

지구적 기후정의 운동 진영은 이러한 인식을 확장하여, "시장에 대한 의존, 장기 위협을 다루는 데 실패한 국가, 사회 보호의 부재, 생명과 지구보다 투자를 보호하는 전반적인 경제 체제"에 대한 비판으로 나아간다. 이런 체제는 "생태계에서 자원을 추출하고 태우고 파괴하는 착취적 시스템"으로서 "위험한 병균이 퍼질 수 있는 체제"라는 점에서 동일한 체제라고 말하고 있다. 그리고 이들은 사회운동이 기업과 관료적 국가에 맞서 오랫동안 추구해 온 가치들이 우리가 직면해 있는 코로나19 재난과 기후위기의 해결 방향이라는 점을 재확인하면서, 코로나19 재난을 이를 실현할 기회이자 또한 그렇게 해야 할 책임을 되새기는 계기라고 말하고 있다. "COVID-19와 기후위기에 대한 해결책은 연대, 재분배, 협업, 형평성 및 사회적 보호와 동일하다. 이에 합류해 정치적 순간을 활용하여 기업의 힘에 맞서고 정의로우며 지속가능한 사회를 건설하는 것은 우리의 책임이자 기회이다"(Global Campaign to Demand Climate Justice 웹사이트).

국가의 귀환, 그러나…

이들이 희망하는 것처럼, 코로나19 재난은 위기만이 아니라 또다른 기회가 될 수 있을까? 적어도 잊고 있던 국가의 필요성을 상기시켜 준 것만은 분명하다. 지난 2008~2009년 지구적 금융위기를 겪으면서 신자유주의는 종말을 고했다고는 하지만 여전히 지배적인 상황에서, 시장에 앞자리를 내주고 '작은 정부'로 뒤로 물러나 있던 국가가 이 재난을 해결하기 위해서 '귀환'하기 시작했다. 마스크조차 제대로 공급할 수 없었던 시장은 이런 재난에 대처하는 것에 무능하다는 것을 보여주었다. 대신 공공 보건의료 인프라와 인력을 동원하여 검사하고 또 격리·치료할 수 있는 국가의 힘이 주목받았다. 이런 초기 대처에 실패한 (유럽 지역을 중심으로) 나라들은 국가가 나서 국경을 폐쇄하고 공공장소와 상점을 닫고 시민들에게 집에 머물 것을 명령하고 이동을 제한했다. 그러나 국가가 방역을 위해서 개인의 자유와 프라이버시를 제약하는 것에만 머문 것은 아니다(물론 이 문제를 결코 쉽게 생각해서는 안 된다). 여러 국가들이 과거 유례를 찾기 힘들 정도로 대규모 재정을 동원하여 코로나19 재난으로 타격을 입은 기업과 노동자, 그리고 자영업자를 지원하기 시작했다. 한국만 해도 잠시 논란이 있기는 했지만 모든 국민들에게 '긴급재난지원금'이 지급되면서, 과거에는 일부 연구자와 활동가들의 논의와 주장으로만 국한되었던 급진적인 정책인 '기본소득'까지 (일회성이기는 했지만) 경험하게 되었다. 우리는 코로나19 재난에 대처하듯, 기후위기를 해결하는 데 국가가 나서서 강력한 권한과 대규모 재정과 자원을 투자해야 하며 또 할 수 있다는 교훈(고재경 외, 2020)을 얻었다. 국가가 그렇게 나서도록 만들어야 한다.

하지만 기회만 존재하는 것이 아니다. 새로운 우려도 있다. 코로나19 재난의 여파로 생긴 경기 침체는 재생에너지 등 에너지 전환에 대한 투자를 약화시킬 것이라는 전망이 제기되었으며 실제로 유사한 관찰이 이루어지기도 했다(『지엔이타임즈』 2020. 8. 2). 기후위기를 막기 위해서는 재생에너지 이용 확대를 가속화해야 하는 상황인데, 여기에 제동이 걸릴지 모른다는 우려다. 하지만 경기 침체를 이유로 온실가스 감축 노력이 저하되는 것이 아니라, 기존의 화석연료 기반 산업에 대해서 대규모 지원을 할 가능성을 더 경계해야 한다. 불행하게도 G20 국가들은 경기 부양책을 내놓으면서 에너지 분야에 대한 투자액의 48%인 1,650억 달러를 화석연료 부문에 투자할 예정이다. 재생에너지 투자는 40%에 불과하다(Energypolicytracter.org 웹사이트).* 한국 내에서도 이런 우려는 더욱 절실하다. 자동차 산업이 어려우니 온실가스를 배출하든 말든 일단 경기부터 살리자며, 내연기관차 구입에 대한 보조금을 늘리거나 세금을 감면하는 일은 이미 오래전부터 있어 왔다.** 코로나19 재난으로 직격탄을 맞아 비행기를 띄우지 못하는 국내외의 항공 산업은 파산을 막고 고용을 유지하기 위해 각국 정부에 긴급 구제를 요청하고 있다. 그러나 이런 지원은 과잉된 항공 산업과 비행기 여행을 단순히 연명시켜 온실가스 배출을 지속하는 데 기여할 수

---

* 이 사이트의 분석에 의하면, 코로나19 재난 이후 한국 정부는 에너지 부문에 최소 61.7억 달러를 지원할 계획을 밝혔는데, 그중 79.2%를 화석연료 부문에 투자할 계획이다.

** 한국 정부가 세계 경기 침체에 대응한다며 2018년부터 계속 자동차에 대한 개별 소비세를 70%나 인하해 주면서, 지난 6월 국내 자동차 판매량이 전년 대비 41%나 급증하였다.

도 있다.* 상대적으로 저탄소 운송수단인 고속철도와 경쟁하는 국내 항공편을 폐쇄하고 저배출 연료를 사용할 것을 조건으로 내건 프랑스 정부의 긴급 구제책은 그나마 다행이지만, 많은 국가들에서는 이런 '기후조건'을 요구하지도 않은 채 항공사(중에서 특히 대주주)를 살리는 데 급급하다. 이에 따라서 국제 환경 단체들은 코로나19 재난의 경기 회복 정책에서 해야 할 일과 함께 '하지 말아야 할 일' 목록을 제시하고 있기도 하다(Climate Action Tracker, 2020).

기후위기와 사회적 불평등을 동시에 해결하는 방안으로 제시된 그린뉴딜을 주창하던 정치·사회운동은, 코로나19 재난을 거치면서 그 필요성과 가능성을 검증받을 기회를 생각보다 빠르게 갖게 된 셈이다. 여기에서 국제 기후정의 운동의 아래와 같은 선언을 되새기면 좋을 것이다.

위기의 순간에 장기적인 정의로운 전환just transition과 회복을 지원하고, 이번 위기를 공평하고 사회적으로 정의로우며 기후 회복적이고, 탄소 제로 경제로 전환하는 기회로 삼자. 기업의 주머

---

* 말레이시아 국적의 한 저가 항공사는 "누구나 비행기를 탈 수 있다"(Everyone can fly)는 슬로건을 내걸고 있다. 하지만 항공기를 이용하는 이들은 선진산업국의 부유한 사람들이 대다수를 차지한다.

니만을 채우거나 지구를 해치는 오염 산업에게 자원을 제공하는 구제 금융을 감당할 수는 없다. 회복력을 구축하고 부정의를 해소하며 생태계를 복원하고 화석연료를 줄이고 공정하고 지속 가능한 경제로 정의로운 전환을 이끄는 경제 회복이 필요하다. 정부는 국내 수요를 우선시하는 공정한 무역을 비롯한 경제 정책을 추구해야 하며, 돌봄 경제와 생태 복원, 농업 생태학, 필수 서비스와 분산된 재생에너지 분야 등을 포함한 전체 경제 내의 존엄하고도 괜찮은 일자리를 추구해야만 한다. 이러한 것들은 공정하고 기후정의가 이루어진 세상을 만드는 데 필수적이다 (Global Campaign to Demand Climate Justice 웹사이트).

4

무엇을
할 것인가

한국 사회는 오랫동안 기후위기 앞에 침묵해 왔다. 하지만 더 이상 허용될 수 없다. 침묵은 곧 국제적·사회적인 기후부정의를 용인하고 편승하는 행위이기 때문이다. 우리는 기후정의의 눈으로 이 위기를 바라보고 이를 해결해 나갈 거대한 동맹을 결성해야 한다. 그리고 사회-기술 시스템의 근본적인 변화를 추구해야 한다. 그것을 '혁명'이라고 이름 붙여도 좋다. 이를 급진적이라고 평가한다면 어쩔 수 없다. 우리의 주장이 급진적인 것이 아니라, 우리가 직면한 위기가 급진적이기 때문이다.

13장

기후침묵을 깨라

뉴스, 한 걸음 더 들어가지 않았다

2018년 한국, 많은 사람들이 엄청난 폭염으로 지치고 열대야로 잠을 이루지 못했다. 정부가 이를 '자연재난'으로 지정하는 것을 보면서 뭔가 일어나고 있다는 것을 느꼈을는지 모르겠다. 시간을 지나 여름을 밀어내고 짧은 가을에 이어 추운 겨울을 맞이하면서 불안은 잊히고, 점점 끓어오르는 냄비 속 개구리들은 여전히 웅크리고 있다. 그러나 기후과학은 이미 기후변화는 시작되었고 점점 더 더운 날씨를 견디어 내야 한다고 이야기하고 있다. 또한 행동하지 않는다면 더 큰 재난에 직면하게 될 것이라고 경고한다. 한국 사회는 이 경고를 얼마나 주의 깊게 듣고 있을까?

2019년 5월 말, 한국에 때 이른 폭염이 찾아왔다. 존경받는 한 앵커가 진행하는 어느 방송사의 저녁 뉴스에서, 보통의 일기 예보가 아니라 별도의 꼭지로 때 이른 폭염을 자세히 보도했다. 얼마나 더운지, 사람들이 얼마나 힘들어하는지, 어떻게 이 더위를 피해야 할지… 그러나 "한 걸음 더 들어간다"는 그 방송은 거기에서 딱 멈추고, 다른 뉴스로 넘어갔다. 왜 때 이른 폭염이 왔는지를 따져 묻고 점점 가속화하고 있는 '기후변화' 때문이라는 점을 환기해 주지 않았다. 기후위기가 얼마나 심각하며 이를 막기 위해서 무엇을 해야 할지 짚고, 정부와 기업들이 제대로 책임을 다하고 있는지 점검해 주길 바라는 것은 사치스러운 기대였다. 그해 가을 때늦은 시기에 찾아온 태풍의 피해 소식을 2면 전체를 할애해서 전해 주던 한 진보적 언론사도 기후과학자들의 반복되는 경고를 환기하는 기사를 한 꼭지도 싣지 않았다. 마치 '기후변화'에 대해서 이야기하지 않기로 약속이라도 한 것이 아닐까 싶을 정도였다.

미세먼지는 되고 기후변화는 안 된다

그때부터 '기후침묵'이라는 단어가 머릿속에 자리 잡았다. 그리고 기억이 하나 떠올랐다. 2018년 말, 청와대의 고위 정책 책임자들과 에너지 전환에 관해 의견을 나누는 자리에 가게 되었다. 개별 사업과 예산이 아니라, 정책 방향과 담론을 이야기하는 자리였다. 문재인 정부가 추진하기 시작한 에너지 전환 정책이 현재의 어떤 문제에 대한 대응이라면, 그 문제를 무엇으로 정의해야 하는가에 대해 토론하게 되었다. 그런데 그들은 한사코 기후변화를 에너지 전환이 다루려는 핵심 의제로 삼을 수 없다는 입장을 고수해서 놀랐다. 대신 "눈에 보이는" 미세먼지는 괜찮을 것 같다 했다. 게다가 그 자리에 그런 생각에 동의하는 소위 환경 전문가들도 몇몇 있어 당황스럽기까지 했다. 왜 고위 정책 책임자들은 기후변화만큼은 정권의 핵심 의제로 삼는 것을 한사코 거부하고, 일부 환경 전문가들까지도 동의한 것일까?

그들은 '기후변화'는 대중들이 잘 모르고 또 지지를 이끌어내기 힘들다고 판단했다. 그 대체물로서 '미세먼지' 문제를 활용하는 것이 좋겠다는 소위 '전략적 사고'를 하고 있었다. 미세먼지와 기후변화 의제가 대립하는 것도 아니고 '동전의 양면'이라는 해석도 가능하다. 매년 겨울과 봄, 하늘을 가득 채운 미세먼지 문제의 가시성으로 인해서, 대중들의 관심과 지지를 끌어내기 쉽고 실제 사회적 압력이 구체적인 것도 맞다. 그러나 미세먼지 문제만으로 에너지 전환을 프레임하는 것이 타당할까? 그것으로 우리가 도전해야 할 거대한 전환을 이끌 결의, 규범, 방향 그리고 사회적 역량을 결집시켜 낼 수 있을까?

동의할 수 없었다. 오히려 근본적 변화를 늦추거나 왜곡하려는 시도라고 생각되어, 그 자리에서 꽤 심각하게 논쟁하였다. 그러나 정부는 미세먼지 문제를 통한 '전략적 접근'이라는 태도를 바꾸지 않았다. 반기문 씨를 위원장으로 앉힌 국가기후환경회의에 "미세먼지 해결을 위한"이라는 수식어를 붙여 놓고 있는 것을 보아도 알 수 있다.

이런 경험은 '기후침묵'이 일부 언론사 기자들만의 문제가 아니라 한국 사회의 엘리트들에게 폭넓게 퍼져 있다는 생각을 하게 했다. 그렇다면 한국 엘리트들이 기후변화 의제를 외면하거나 집요하게 후순위로 돌리려는 이유는 무엇일까? 기후변화 문제가 너무나 거대해서 몇 가지 정책 조정으로 다룰 수 없으며, 그 해결은 (나오미 클라인의 책 제목처럼) 거의 모든 것을 바꿔야 가능할 일이다. 그런 변화는 너무 막막하고 또한 두려운 것이어서 사람들은 이러한 사실을 인정하는 것 자체를 회피하려할 수 있다. 특히 쌓아 올린 것이 많아 잃을 것도 많을 엘리트들은 더욱 그렇다. 현대 한국 사회를 주조한 '개발주의'는 정치적 좌/우 혹은 진보/보수를 떠나 엘리트들의 내면에 깊숙이 자리

잡고 있다는 점도 지적해야 한다. 그들은 기후변화 문제를 들쑤시는 일이 경제성장을 방해할 것이라는 본능적 공포감에 휩싸여 외면하고 침묵하는 것을 택했을지 모른다.

이런 심리적 풍경 속에서 5년 임기의 대통령과 청와대 참모들이 기후위기를 핵심 의제로 다룰 의향과 용기를 내리라 기대하는 것 자체가 난센스다(그래서 한 기후활동가는 내각제 개헌의 필요성까지 제기하고 있다). 내가 관찰한 바로는 진보개혁적 언론사들과 환경 전문가들도 크게 다르지 않다. 여기에 더해 최대 온실가스 다배출 기업인 포스코 상무가 2050년 온실가스 감축 목표를 설정하는 LEDS 위원회의 산업분과장을 맡고, 기회가 있을 때마다 "너무 명분론만 강조해서는 안 된다"는 발언을 일삼는 상황이 더해졌다. 이렇게 기후침묵은 무지, 심리적 거부, 오랜 관행과 의식적 축소 사이에서 싹트고 완고하게 뿌리를 내리고 있다.

기후악당 국가의 시민들

기후침묵의 거대한 장벽 앞에 무력하게 주저앉아야 하나? 절망감이 드는 것은 어쩔 수 없지만, 그래서도 안 되고 그럴 수도 없다. 절망감에 짓눌려 있을 때, 가장 먼저 해야 할 일은 소중한 사람들과 소망하는 꿈들을 떠올리며 정말 포기할 수 있는지 자문하는 것이다. 그리고 부자 나라와 부자들이 망쳐 놓고 그 피해를 가난한 나라와 사람들에게 모두 뒤집어씌우는 이 부정의에 굴복할 수 없다고, 이렇게 질 수 없다고 이를 악물어야 한다. 2019년 9월 21일, 서울 대학로를 비롯하여 전국 각지에 모인 7천여 명의 시민들이 기후침묵을 깨고 외친 것처럼, "지금 당장 말하고 지금 행동"해야 한다. 한국 사회가 당장 해야 할 일은 '기후위기 비상선언'이다. 당장 "불이야!" 하고 소리치고, 현관문을 두드리며 잠자고 있는 동료 시민들을 깨우는 일부터 시작하자. 그리고 그 시민들과 함께, 영국의 멸종저항이 그런 것처럼 '사회적 혼란'을 야기해서라도, 기후위기에 눈감고 침묵하려는 자들의 입을 열게 해야 한다. 청와대, 국회, 정당, 정부, 기업, 언론, 대학이 기후위기를 인정하게 만들어야 한다. 그린뉴딜을 이야기하면서도 배출 제로 목표를 제시하지 않았던 정부, 이렇게 마지막일지 모를 기회를 날려 보내고 있는 이들의 멱살을 잡아야 한다.

기후침묵은 기후부정의를 외면하고 묵인하는 사악한 행위다. 특히 다배출 국가이자 부유한 나라인 한국 사회가 침묵하는 것은 기후정의 관점에서 허용되지 않는다. 한국은 이산화탄소 배출량 세계 7위(2017년 현재)라는 성적을 가지고 있으며, 온실가스의 누적 배출량에서도 세계 16위에 올라서 있다. 배출 증가율이나 1인당 배출량도 어느 국가보다 높은 수치를 보여 주고 있다. 그 결과 십수년 전에 이미 한국은 '기후채무국'으로 분류되어 있고, 그 후로 빠르게 채무가 늘어나고 있다. 온실가스 배출을 지속적으로 증가시켜 왔으면서도 이를 감축할 의지는 빈약한 '기후악당' 국가, 이 나라의 시민들은 침묵해서는 안된다. 또 한국은 GDP에서 세계 12위(2017년 현재)의 경제 규모를 가졌다. 식민 지배와 한국전쟁을 겪은 후에야 뒤늦게 경제 개발에 뛰어들었지만, 많은 이들의 피와 눈물을 거름 삼아 일궈 낸 '한강의 기적'의 성과다. 그리고 무엇보다도 지구적 공유지인 대기에 온실가스를 쏟아내며 얻은 부귀다. 누군가의 집을 물에 잠기게 하고, 누군가의 경작지를 사막으로 만들어 그가 정든 땅을 떠나 난민으로 떠돌게 만든 긴 연쇄의 한 쪽 끝에 한국의 부가 있다는 점을 깨달아야 한다. 부끄러움을 느껴야 한다. 그러므로 우리는 침묵할 수 없다.

지금 이 순간에도 한국 정부는 기후위기를 외면하고 대기 중에 온실가스를 더 배출하는 석탄발전소를 짓고 또 지원하고 있다. 고성, 강릉, 삼척에 짓고 있는 6기의 대규모 석탄발전소들이 가동된다면 앞으로 30년 이상 온실가스를 대량으로 배출하게 될 것이다. 최근 수립된 9차 전력수급기본계획에 의하면, 한국 정부는 2034년에도 37기의 석탄발전소를 가동하여 온실가스를 지속적으로 배출하도록 허용할 예정이다. 영국을 비롯하여 여러 유럽 국가들이 2030년 안에 석탄발전소를 모두 폐쇄하겠다고 발표하고 있는 것과 비교할 생각은 아예 하지 말자.

더 부끄러운 일은 국내를 넘어 해외에서의 석탄발전소 건설을 지원하고 있다는 것이다. 온실가스를 대량 배출한다는 점에서 국제사회의 비난이 잇따를 뿐만 아니라 해외 투자은행이 철수하는 상황에 직면해 있는 베트남 붕앙 2호기와 인도네시아 자와 9·10호기 석탄발전소 건설에, 한국의 공기업인 한전이 투자하기로 결정했다. 그리고 인도네시아 석탄발전소 건설에는 두산중공업이 시공사로 참여하고 산업은행, 수출입은행 등 국내 공적 금융기관이 자금을 대기로 했다. 2019년, 이와 관련하여 인도네시아 현지 주민들은 환경과 건강상의 피해를 호소하며 한국 법원에 공적 금융기관의 자금 지원을 중단해 달라는 가처분 신청을 내기까지 했다. 그리고 2020년 6월에는 미국의 『워싱턴 포스트』지에 석탄발전소 굴뚝과 함께 문재인 대통령의 얼굴이 커다랗게 박힌 전면 광고가 실렸다. "문 대통령님, 이것이 한국이 생각하는 그린뉴딜의 모습입니까?" President Moon, is this Korea's idea of Green New Deal?라고 묻는 이 광고는 인도네시아 환경단체 왈히Whalhi를 포함하여, 미국, 호주 등 세계 여러 국가들의 9개 환경단체들이 참여한 것이었다. 기후채무를 갚아야 할 마당에 정부가 나서 새로운 채무를 쌓고 있다는 점이 적나라하게 드러났다. 부끄러운 일이다.

사회운동 속의 기후침묵

기후침묵은 사회운동 내에서도 고통스럽게 존재한다. 두산중공업의 사례에서 보듯, 특히 대공장에 조직된 노동운동에서 그렇다. 인도네시아 자와 9·10호기와 베트남 붕앙 2호기의 건설 사업에 시공사로 참여하는 두산중공업은 2014년부터 당기순이익 부문에서 지속적으로 적자를 내고 있다. 대주주의 잘못된 판단으로 자회사인 두산건설에 무리한 투자를 한 탓이기도 하지만, 근본적으로는 '레드 오션'으로 변한 석탄발전소 제작과 시공 사업에서 벗어나지 못했기 때문이다. 현재 두산중공업의 노조 지도부는 석탄발전소 건설이 지속되는 것이 일자리를 지키는 일이라 생각하고, 기후위기는 외면하고 보수 야당과 사측과 유사하게 두산중공업의 적자 책임을 문재인 정부의 '탈핵 정책' 탓으로 돌리고 있다. 일부 노동자들이 탈석탄과 탈원전 정책은 불가피한 것으로 받아들이고 대안을 마련할 것을 경영진에게 선도적으로 요구했지만, 그 목소리는 묻혀 버렸다(황정규, 2020). 오히려 노조는 석탄발전소 신규 건설 철회를 주장하는 경남의 기후위기 비상행동 활동가들과 마찰을 빚기까지 했다. 정부의 금융 지원에도 불구하고 고용 불안이 심화되자, 두산그룹 계열사 노동조합들은 '구조조정 저지 투쟁 대책위원회'를 결성, 고용 보장을 위해 공기업화를 요구하고 있다. 그러나 그 공기업이 무엇을 생산할 것인지 명확히 밝히고 있지 않다. 석탄발전 대신 재생에너지 산업으로 전환하자는 제안에 호응하며 고용 보장을 주장하는 '정의로운 전환' 전략은 찾아볼 수 없다.

14장

기후정의의 눈으로 질문하라

무엇을 해 왔는가

한국 정부가 기후변화 '협약' 대응으로부터 기후변화 자체의 대응으로 기조를 전환한다고 밝힌 것도 겨우 10년 전의 일이다. 그러나 온실가스 감축 의무에서 한국의 책임을 정당하게 감당하기보다는 그 부담을 최소화하는 데 우선순위를 둔다는 기조는 여전히 변하지 않고 있다. 그리고 자신이 정해 놓은 목표를 은근슬쩍, 문자 그대로, 지워 내는 일도 꺼리지 않는다. 이명박 정부는 '녹색성장'을 선언하면서 중기 감축 목표를 2020년 배출전망Business as Usual(이하 BAU) 대비 30% 감축으로 정하고 이를 해외에 공표했을 뿐만 아니라 녹색성장법의 시행령(25조)에 명시해 놓았다. 그러나 이명박 대통령은 임기가 끝나기 직전, 석탄화력발전소 6기의 건설 계획을 담은 6차 전력 수급기본계획을 승인하면서 스스로 목표 달성을 불가능하게 만들었다. 이어 들어선 박근혜 정부는 2016년 5월, 별다른 설명도 없이 이 시행령상의 2020년 감축 목표를 은근슬쩍 수정하여 달성이 불가능해진 목표를 아예 삭제해 버렸다. 그 후 한국의 온실가스 배출량은 매년 꾸준히 증가하여 2017년에 7억 톤을 넘어섰으며, 2020년 감축목표 달성의 불가능성을 실제로 확인시켜 주고 있다. 이 황당한 일에 대해서 정부는 한마디 사과나 반성의 말은 고사하고 제대로 설명조차 하지 않고 있다.

이러니 한국 정부에게 기후위기 해결을 위한 선도적인 역할을 기대하는 것은 불가능한 일인지 모르겠다. 2015년 파리 국제 협상장에 가면서 한국 정부는 2030년 감축목표로 BAU 대비 37% 감축을 정하면서, 목표 배출량을 5억 3천만 톤으로 산정했다. 그러나 BAU 대비 감축 목표 설정 방식부터 논란이 되었다. 현재 정책을 고수했을 때의 배출 전망치라는 의미를 담은 BAU는 경제성장률 등의 전제 조건, 그리고 모델링 방법에 따라서 유동적일 뿐만 아니라(그래서 기술 관료들의 교묘한 정치적 수단으로 활용될 수도 있다), 주로 느슨한 목표를 설정하기를 원하는 개발도상국들이 선호하는 방식이기 때문에 적절하지 않다고 비판받았다. 그리고 37% 감축은 일견 과감한 목표로 보이지만, 2010년 등의 과거 배출량을 기준으로 보았을 때 실제 24.4% 감축에 불과한 것이며, 온실가스 배출량 통계가 시작된 1990년 배출량(2억 4천만 톤)과 대비해 보면 2.2배나 더 높은 수치이다. 이는 정부의 주장과 달리 결코 야심찬 것이 아니고, 오히려 대단히 무책임한 것이다.

한국의 공정한 분담

1.5도 목표와 각 국가의 온실가스 배출량, 그리고 경제적 능력 등을 고려한 '공정한 분담'fair sharing 기준으로 보았을 때, 국제사회는 한국의 2030년 5억 3천만 톤 배출량 목표를 "매우 불충분한" 것이라 평가하고 있다. 한국의 배출량과 경제적 능력이 상당히 크기 때문이다. 만약 다른 국가들도 한국과 같이 목표를 설정한다면 전 지구적 평균 기온 상승은 4도 이상이 될 것이라 분석하고 있다(Climate Action Traker, 홈페이지; Climate Analytics, 2020).

하지만 한국 정부는 문재인 대통령 집권 이후 이를 바로잡을 기회를 외면했다. 2020년에 기후변화협약 당사국 회의에 다시 제출해야 할 2030년 감축목표NDC의 수정보완 작업에서 정부는 2015년에 정한 목표 배출량(5억 3천만 톤)을 그대로 다시 제출하기로 했다. 정부는 배출권 거래를 통해서 해외에서 감축을 하겠다는 애초 계획을 축소하였고 BAU 대비가 아니라 과거 배출량 기준으로 감축 목표 설정 방식을 변경했다는 점을 강조하고 있다. 또한 2018년 배출 정점에서 10년 만에 온실가스 배출량의 약 4분의 1을 줄이겠다는 목표를 다른 선진국의 사례와 비교하며 "파리 협정의 목표 달성에 공정하게 기여하고 있다"고 주장하고 있다(대한민국 정부, 2020). 그동안 행동하지 않았던 것을 반성하는 것이 아니라, 오히려 변명거리로 삼는 태도는 국제사회는 물론이거니와 국내 여론조차 설득할 수 없었다.

그렇다면 과연 한국은 얼마나 감축해야 하는 것일까? 파리 협약의 1.5도 목표와 IPCC의 1.5도 특별 보고서의 권고를 참고하면, 한국도 2050년 이전에 순배출 제로에 도달해야 한다는 점은 명확하다. 그러나 더욱 중요한 것은 중간 목표라 할 수 있는 2030년의 감축 목표를 보다 강화하는 일이다. 2050년에 배출 제로에 도달하겠다고 공약하더라도, 앞서 탄소예산에 대해서 설명했듯이, 빠르게 온실가스 배출량을 낮춰 가지 않는다면 탄소예산을 모두 소진해 버리고 누군가의 탄소예산을 무단으로 훔쳐 쓰게 될 것이다. IPCC 1.5도 특별 보고서는 전 지구적으로 2030년에는 2010년 배출량의 45%를 감축해야 한다고 권고하고 있다. 이를 기계적으로 적용하면, 한국의 2030년 목표 배출량은 3억 1천만 톤 정도로 줄어야 한다. 정부의 목표량보다 2억 2천만 톤 정도가 더 적은 것이다. 게다가 한 해외 연구기관은 파리 협정에 부합하는 한국의 2030년 목표 배출량을 2억 9천만 톤으로 제시하면서, 앞서의 대략적인 계산치보다 더 강화된 목표치를 보여주고 있다. 그러나 '공정한 분담'의 기준, 즉 기후정의의 눈으로 보았을 때, 한국의 목표 배출량은 최소한 2억 1천만 톤 수준으로 더욱 하향 강화되어야 한다고 제안하고 있다(Climate Analytics, 2020: 12). 정부의 2030년 목표보다 절반 이상이나 낮은 수치로서, 국제사회의 책임 부담 요구와 우리가 얼마나 멀리 떨어져 있는지 보여준다.

누구의 책임인가

지금까지 기후정의를 주로 국제적 수준에서 이야기해 왔지만 거기에 국한될 이유는 없다. 오히려 국내적 수준에서도 더욱 적극적으로 논의할 수 있다. 사회경제적 계층에 따라서 소득과 자산에 큰 차이가 있을 뿐만 아니라 점점 양극화되고 있는 국내 상황에서도 기후정의 관점은 더욱 필요하다. 최근 영국에서 극소수의 초고소득자들이 가난한 이들보다 훨씬 많이 온실가스를 배출해 그 나라 온실가스 배출량의 상당 부분에 대해 책임이 있다는 점이 밝혀지면서 이런 생각을 뒷받침한다(이 책 173쪽 「부자는 많이 배출하고, 그 배출량은 계속 증가한다」 참조). 소득과 자산 수준에 따라서 각 개인/가구가 소비하는 에너지량에 엄청난 차이가 있으며 그에 따라서 온실가스 배출량에도 큰 격차가 나타나기 때문이다. 한 국가 내에서도 사치성 배출과 생계형 배출의 차이가 나타나지 않을 이유가 없다. 따라서 국제적 수준에서 각 국가별 인구당 배출량을 산출하고 비교하여 기후부정의에 대한 함의를 찾아낸다면, 한 국가 내에서 그렇게 해야 할 일이다. 그리고 지금껏 막대한 온실가스를 배출하면서 성장해 온 기업들, 그리고 남보다 더 많은 에너지를 사용하면서 사치를 누렸던 개인들에게 기후변화를 야기한 책임을 물어 보상하도록 하며 그들의 온실가스를 감축하도록 요구해야 한다.

2009년 국회 산업자원위원회의 한 국회의원이 가정 부문에서 가장 많은 전력을 소비하는 개인들의 정보를 공개한 바 있다. 1위는 지금의 삼성전자 부회장인 이재용 씨였다. 그는 2006년 7월부터 다음 해 6월까지 월평균 3만 4,100kWh의 전력을 소비하였는데, 당시 한 가정의 평균 사용량(229kWh)의

약 150배에 달하는 엄청난 양이었다(『프레시안』 2009. 9. 11). 가정부, 운전기사, 주택 관리자 등 피고용인이 많기 때문이라고 변명했지만, '에너지 귀족 계급'이 존재한다는 사실만은 가리기 어려웠다. 이재용 씨 이외에 재벌 일가들도 평균적인 가정의 십수 배 이상의 전력을 소비하고 있었고, 그들은 용산구 한남동 일대에 몰려 살고 있었다. 이들 '에너지 귀족 계급'은 다른 이들보다 많은 온실가스를 배출하여 지구적 공유지인 대기를 무단으로 오염시킨 주범들인 셈이다. 그뿐만 아니라 이들이 지배하고 있는 재벌 기업들은 제철소와 반도체 공장 등을 통해 막대한 온실가스를 배출하면서도 아무런 비용 부담도 하지 않은 채 엄청난 이익을 챙겨 왔다.

그로 인한 피해는 누가 받고 있는가? 매년 폭염일수가 증가하는 추세 속에서 온열질환 사망자를 포함한 환자수도 계속 증가 추세에 있다. 2011년에 7.5일의 폭염일수가 2018년에 31.4일로 증가하면서 443명의 온열질환 환자수는 4,526명으로 증가했다(『연합뉴스』 2019. 5. 16). 그리고 2019년 통계를 보면, 온열질환 환자 대부분은 옥외 작업이나 야외 활동을 하는 단순 노무 종사자와 농림어업 종사자이거나 무직자들이었다(『안전저널』 2019. 8. 19). 건설노조에 의하면, 노동자들은 폭염으로 본인이나 동료가 실신하는 등의 이상 징후를 보인 적이 있는지 묻는 설문에 56%가 그렇다고 답하고 있었다. 또한 33도를 넘어 발령되는 폭염 특보 때 정부의 규정에 따라 1시간에 10~15분씩 규칙적으로 쉬는 노동자는 소수(23.1%)에 불과했으며, 작업 중단을 요구해서 받아들여진다고 답한 이들은 21.8%에 불과했다(『한겨레』 2019. 8. 13). 또한 부실한 주거 환경을 대표하는 '쪽방'촌 주민들을 비롯한 가난한 이들의 삶은 점점 더 심각해지는 폭염 때문에 벼랑 끝으로 내몰리고 있다. 그나마 숨 쉴 구멍이었던 '무더위 쉼터'는 코로나19 재난 속에서 폐쇄되면서, 가난한 이들은 여름철 더위 속에서 더 가혹한 시간을 보내야 했다. 이제 다시 확인할 수 있다. 일국적으로 이야기하더라도 기후변화는 부자들이 야기하고, 그 피해는 가난한 이들에게 몰려들고 있다. 기후부정의는 국제적 수준에서만이 아니라 바로 여기, 한국 사회 내에서도 벌어진다.

기후정의는 질문 자체를 바꾼다

그렇다면 이런 기후불의를 바로잡을 수 있는 방안은 무엇인가? 에너지를 많이 사용하고 온실가스를 많이 배출해 왔던 이들이 다른 이들이 겪은 피해를 보상하고 전환의 비용을 부담하도록 요구하는 것은 기후정의에 부합하는 일이 될 수 있다. 반대로 지금까지 배출해 온 온실가스량에 기반하여 배출권을 (심지어 무상으로) 할당하는 현행 배출권 거래제는 기후정의에 반하는 것이다. 또한 온실가스 감축 목표를 세우면서 기업들의 산업 경쟁력 저하를 이유로 다른 부문에 비해서 낮은 감축 목표를 부여하는 것도 부정의한 일이다. 뿐만 아니라 기후변화로 인한 폭염이 가중되는 속에서 빈곤한 이들이 부실한 주거 환경 속에 방치되고, 야외 작업 노동자들이 작업중지권을 보장받지 못한 속에서 노동을 강요받으며, 잦은 기상이변으로 농어민들이 타격받고 있는 상황을 방치하는 일도 부정의한 일이다. 이런 기후불의 사례들은 수많이 발견될 것이며, 이의 해결을 위한 사회운동들이 여기저기에서 나타나게 될 것이다.

기후정의의 관점과 논의는 기후변화를 야기한 책임이 누구에게 있으며 그 피해는 누가 보고 있는가라는 간명한 질문으로부터 출발한다. 그럼으로써 기후정의는 기후변화가 사실인가 아닌가 하는 퇴행적인 논쟁 구도를 훌쩍 넘어서도록 한다. 누군가, 최악의 실패한 미국 대통령 트럼프처럼 이야기한다면 무시하고, 2019년 여름의 홍수와 2020년 겨울의 한파 속에서 열악한 주거 시설에 머물다 물에 빠져 죽거나 얼어 죽은 농업 이주노동자들을 상기하자.

또한 기후정의는 한 덩어리로서의 한국이 국제경제 속에서 불리한지 아닌지에 대해서만 초점을 맞춘 주류 담론으로부터도 벗어나도록 만든다. 기후위기는 신기후 체제 속에서 한국 경제(사실은 기업을 이야기하는 것이지만)가 생존하느냐 아니냐의 문제가 아니라, 지금껏 차별받고 불평등을 감내해야 했던 이들을 기후위기로부터 어떻게 보호할 것인지에 관한 것이다. 그리고 기후정의는 한 사회의 생태적 지속가능성과 함께 그 안에서 필연적으로 다루어야 할 사회적 형평성이 내적으로 긴밀히 연계되어 있다는 점도 환기시켜 준다. 사회적 불평등을 해결하지 못하면 기후위기도 해결하기 힘들다.

나아가 기후정의의 관점은 기후위기를 해결할 전략을 제안해 줄 수 있다. 즉 기후위기의 책임이 없거나 매우 적으면서도 그 피해를 고스란히 떠안고 있는 수많은 이들이 연대하고 협력하여, 이 위기를 야기하고 있는 현 체제를 근본적으로 변화시키는 주체로 나서야 한다. 이를 '기후정의 동맹'이라고 부를 수 있을 것이다.

부자는 많이 배출하고, 그 배출량은 계속 증가한다

영국의 구호단체인 옥스팜(Oxfam)은 한 국가 내에서 온실가스 배출의 불평등이 어떻게 이루어지는지에 대한 연구 결과를 발표해서 주목받고 있다. 이들에 의하면 영국의 상위 소득 1% 계층이 배출하는 1인당 탄소 배출량이 하위 소득 50% 계층의 11배에 달했다. 그리고 전국 평균 1인당 배출량의 6배에 해당했다. 1990~2015년까지 25년간의 탄소 배출량에서, 세후 연간 소득이 최소 92,000파운드(한화로 대략 1억 3천만 원)인 상위 1% 계층(인구수로 대략 66만 명 가량)이 차지하는 비중은 7%였다. 이 기간 동안 영국 전체적으로 12%의 배출량 감축이 일어났지만, 이 계층에서만 유일하게 (소비에 의한) 온실가스 배출량이 증가했다. 한편 세후 소득이 대략 최소 41,000파운드(한화로 대략 6천만 원) 이상인 상위 10% 계층의 1인당 배출량은 전국 평균의 두 배가 되며, 하위 50% 계층이 배출하는 탄소량의 네 배가 되었다. 그리고 25년간 전체 배출량의 27%를 차지하며, 하위 50%의 배출량과 동일했다. 옥스팜은 상위 10% 계층이 배출하는 온실가스량 중 절반이 비행기와 자동차 이용으로부터 나온다고 분석하면서, 비행기와 SUV에 고율의 과세를 해야 한다고 주장하고 있다 (*Independent* 2020. 12. 8). 우리나라를 대상으로 유사한 분석은 아직 존재하지 않는다. 하지만 크게 다르지 않을 것이라 생각한다.

15장

기후정의 동맹을 만들자

무기력에서 깨어나다

한국에서 기후정의 논의를 소개하고 이를 추구해 온 사회운동의 역사는 짧지 않다. 2000년대 후반 기후변화협약 당사국 총회COP에 참가하던 몇몇 환경단체 활동가들은 '기후정의' 개념과 운동을 소개하기 시작하였다. 대륙을 바꿔 가면서 매년 개최되는 COP에 참여하던 한국의 여러 단체들이 공동 대응 논의를 발전시키고, 2011년에 '기후정의연대'를 결성하였다. 이로써 한국 사회에서 기후정의 운동의 실체를 잠시 형성했었다. '기후정의연대'는 통상적인 환경단체들만이 아니라 노동조합, 농민단체, 사회단체들이 폭넓게 참여하면서, 기후변화 의제가 더 이상 환경단체들만의 관심사가 아니라는 것을 보여주는 데는 성공했다. 하지만 그해 3월에 일어났던 후쿠시마 핵사고는 '기후정의연대'에 참여했던 여러 환경단체와 활동가의 시선과 관심을 탈핵 운동으로 돌리도록 만들었다. 그리고 환경단체들의 주도적 노력을 대신할 새로운 사회적 힘을 만들어 내지도 못했다. 이런 상황으로 '기후정의연대'는 활력 있는 운동의 구심점이 되지 못하고, 연말의 COP 대응을 위한 공동 기구 정도로 간혹 활용될 수 있었을 뿐이다. 아쉽게도 출범 이후 얼마 되지 않아 사실상 개점휴업 상태에 들어간 셈이다.

한국 기후정의 운동의 새로운 활력은 2010년대 말의 국내외 청소년 기후행동으로부터 나왔다. 2018년 여름, 멀리 스웨덴의 청소년 기후활동가, 그레타 툰베리가 스웨덴 의회 앞에서 시작한 나비의 날갯짓은 '미래를 위한 금요 시위'Friday for Future라는 이름으로 전 세계로 퍼져 나갔다. 전 세계 부자들의 잔치인 다보스 포럼에서 기후불의를 규탄하는 그레타 툰베리의 연설은 많은 이들을 무기력으로부터 일깨웠다. 2019년 봄, 한국의 청소년들도 이런 흐름에 호응하여 세 번의 금요일 결석 시위를 조직하여 세종문화회관 앞에 모였고, 서울시 교육청과 청와대로 행진해 갔다. 이들의 일부는 '청소년 기후행동'이라는 이름으로 그 결석 시위를 주도적으로 준비했으며, '기후행동 뼝'이라는 기습 시위를 서울 시내 곳곳에서 진행했다. 이들의 움직임은 무기력과 관성에 빠져 있었던 한국 기후정의 운동에 강력한 자극이 되었고, 새로운 시도를 가능하게 해 주었다. 2019년 가을에 결성된 '기후위기 비상행동'은 그 결과라고 평가할 수도 있다. 그리고 그 속에서 이루어진 협력과 논쟁들은 한국 기후정의 운동의 현실과 전망에 대해 많은 것을 생각하게 해 주었다.

돌이켜 보면 청소년들의 결석 시위를 응원하러 가는 길은 오랜 무기력에 빠져 있는 자신을 발견하는 시간이었다. 수도 얼마 되지 않았던 기후운동 내부에서 무원칙하게 배출권 거래제와 타협이 이루어졌고, 그에 대한 반대 목소리는 철 지난 것으로 치부되면서 나의 무기력은 시작된 듯했다. 그리고 기후변화에 대한 '큰 질문'을 하겠다며 전국을 누볐던 인사가 정부에 참여해도, 청와대는 "미세먼지는 되지만 기후변화는 안 된다"고 말하는 상황에, 화만 쌓일 뿐 무엇을 어떻게 해야 할지 몰랐다. 기후위기를 경고하면서도, 청소년들처럼 직접 거리에 나설 생각을 하지 못했다. 거버넌스니 뭐니 하며 정부가 짜 놓은 그물 위에서 싸울 생각만 했지, 박근혜 씨를 끌어내린 촛불집회 같은 흐름의 상상과 용기가 없었던 것이다. 그런 반성은 나만의 것은 아니었다. 2018년의 기록적인 폭염과 함께, 비슷한 고민을 가진 사람들이 그린피스 회의실에 모였다. 가만히 있을 수 없다, 뭐라도 해야 한다고 호소하며 모여 보자는 몇몇의 제안문에, 여러 부문에서 다양한 입장을 가진 70여 명의 활동가와 시민들이 모였다. 그리고 300여 개의 단체와 시민들이 함께 '기후위기 비상행동'을 결성하고 2019년 9월 21일 첫 번째 대규모 시위를 조직하게 되었다. 한국의 기후 운동에 새로운 활력을 불어넣은 비상행동은 노동자, 농민 등과 같은 전통적인 사회운동의 참여를 독려할 뿐만 아니라 기후정의의 급진적(그러나 절실한) 담론을 확장할 수 있는 공간도 열어 준 것이다. '기후위기 비상행동' 안팎으로 기후위기의 절박성과 함께 자본주의 체제의 한계에 대한 비판과 '기후정의'와 '정의로운 전환'의 필요성에 대한 목소리가 터져 나오고 있다. 그리고 이제 한국의 기후 운동은 '기후정의'의 질문에 진지하게 마주서야 할 시간이 온 것이다.

녹색 자본주의로 가능하지 않다

한국에서 기후정의 동맹은 어떻게 만들어지고, 또 무엇을 해야 하는 것일까? 출발점은 기후위기와 그 해결의 절박성에 대한 인식과 함께, 기후위기의 근본적 원인(의 하나)으로서 자본주의적 생산과 소비 방식에 주목하는 것이다. 자본주의의 무한한 이윤 획득 욕구는 유한한 지구 생태계와 양립하기 힘들다. 더 많은 자원을 채굴하고 상품을 생산하여 소비자들이 낭비하도록 만들면서 이윤을 쥐어 짜 내는 자본주의 시스템 자체가 문제다. 여기에 '생태적 현대화'든 '녹색 자본주의'든 어떤 이름을 붙인다 하더라도 자본주의가 생태적 한계를 넘어설 수 없다는 점을 인정해야 한다. 자본주의의 낭비는 사회적 불평등에 기반을 두고 있으며, 또 사회적 불평등은 기후위기를 야기한다. 누가 사치를 누리기 위해서 온실가스를 대규모로, 지속적으로 배출해 왔는가? 국제사회 속에서 선진산업국들이, 그리고 한 국가 내에서는 엘리트들이 (소득과 자산 등 모든 면에서) 사회적 부를 독점해 왔고, 소수인 그들은 그 부를 가지고 필요를 넘은 사치를 누리면서 지구상의 누구보다도 많은 온실가스를 배출해 왔다. 부를 독점한 소수의 엘리트들이 수많은 이들의 정당한 몫을 빼앗을 뿐만 아니라, 함께 살아야 할 지구라는 집에 불까지 낸 것이다. 따라서 기후정의 동맹은 사회적 불평등의 해결이 기후위기를 구하는 가장 확실하고 빠른 길이라는 것을 믿는 이들의 연대가 되어야 한다.

기후정의 동맹을 만들고 화석자본 동맹과 싸워 나가는 과정에서 여러 도전들에 직면할 것이다. 기후위기를 인식하고 이를 해결할 것을 요구한다는 점에서는 함께해 왔지만, 구체적인 해결 방안에 대해서는 상이한 입장을 가지고 있는 진영들 사이의 경합(그리고 연대)은 기후정치에서 기본적인 요소가 될 것이다. 이런 경합과 연대는 기존 정치의 균열선을 따라서 이루어지기도 하지만, 또한 새로운 진영 혹은 담론이 등장하면서 새로운 균열선을 만들어 낼 수도 있다. 아마도 (현재와 미래의) 기후정의 동맹에게 가장 큰 도전은 현재 새로운 주류를 형성해 가고 있는 녹색 자본주의 진영과의 경합일 것이다. 한국 자본 분파 중에서 지배적인 '회색 자본' 분파에 맞서 '녹색 자본' 분파들이 격렬하게 맞서 싸우는 모습은 아직 두드러지지 않다. 심지어 '회색 자본' 분파들과 독립적인 '녹색 자본' 분파가 있는지조차 의심스럽고, 그저 새로운 외피를 둘러싼 것이 아닌가 싶다. 그렇지만 정치와 사회운동 내에서 녹색 자본주의의 환상은 상당한 영향을 발휘하고 있으며, 이에 대한 경계는 느슨하다. 안타깝게도 기업, 시장, 그리고 기술 중심의 해결책이 기후정책에서 중심적인 담론이 되고 있으며, 심지어 시장의 힘을 빌리는 것이 기후위기를 해결하는 가장 빠른 길이라는 인식이 확산되고 있다. 기후운동 내에서 기꺼이 호랑이 등에 올라타려는 이들이 있어 불안하다.

기후위기 해결의 가장 빠른 길

기후정의 동맹은 단지 기후위기를 해결하면서 나타날 수 있는 사회적 불평등 문제'도' 함께 고려해야 한다는 주장에 머물러서는 안 된다. 오히려 사회적 불평등의 해결이 기후위기 해결의 가장 빠른 길이라는 점을 주장하고 그 방안을 제시하면서 녹색 자본주의 진영과 경쟁해야 한다. 이윤이 아니라 필요에 의해서 생산과 소비가 이루어지도록 하면서, 노동조합을 강화하고 안전하게 일할 권리를 보장하며, 주거권을 지키고 무상/공공 교통을 추구하며, 농업과 농촌을 지키고 또한 식단의 변화를 추구하며, 성평등과 사회적 소수자들에 대한 차별을 금지하고, 비인간 생명들의 생존할 권리를 보장하는 것이 어떻게 기후위기 해결을 위해서 필수적이며, 가장 강력한 방안이 될 수 있는지를 주장해야 한다. (기후정의 동맹이 성장할수록 포괄하는 주장과 슬로건은 더욱 많아지고 또 다양해질 것이며, 그 사이의 긴장과 갈등에 대해 토론과 합의를 만들어 내는 것도 중요한 과제가 될 것이다) 그러나 한 가지 조건은 강조될 필요가 있을 것이다. 기본적 필요를 넘어서 더 많은 소비를 위한 부의 (재)분배를 희망하며 이를 가능하도록 경제성장을 추구하는 정책에 (암묵적으로나마) 동의해 온 관행과 결별하는 것이다. 기후정의 동맹은 탈성장과 '좋은 삶'에 대해 진지하게 마주해야 한다.

기후정의 동맹은 녹색 자본주의 진영과 경합하는 만큼이나 국가라는 까다로운 문제와도 대면해야 할 것이다. 즉 시장의 사회화 요구와 함께, 국가(혹은 공공 부문)의 민주화가 어떻게 가능한가에 대해서 물어야 한다. 한국 사회도 신자유주의 정책하에 공공 부문을 축소하고 민영화하는 과정에서, 국가가 당연히 제공해야 할 공적 서비스의 부족과 한계로 인한 수많은 비극을 겪었다. 그런 상황에서 코로나19 재난으로 우리는 시장의 무능과 '국가의 귀환'을 목격하였고, 그린뉴딜이라는 이름으로 기후위기 해결에 있어서 국가의 강력한 역할을 기대하기 시작했다. 그러나 민주화되지 않은 국가기구들은 시장/기업들과 손잡으며 자신들의 관료적 기득권을 유지하는 데 치중하면서, 기후위기 해결의 도구가 될 수 있을지 장담하기 힘든 것도 사실이다. 예를 들어, 강력한 토건 개발국가의 역사는 단절되지 않았다. 수많은 국가기구와 공기업들이 온실가스 배출을 야기하고 환경과 공동체를 파괴하는 개발 사업들을 여전히 추진하면서 '국가 폭력'을 자행해 왔다. 밀양과 청도의 송전탑 건설이 과거형이라면, 제주 제2 공항 건설은 현재형이다. 지금 우리는 에너지 공기업들이 급진적인 에너지 전환의 도구로 변화할 수 있는지, '에너지 공공성'이 현상 유지의 명분으로 퇴색하지는 않고 있는지도 물어야 하는 상황이다. 국가를 탈환하는 것만으로는 부족하고 녹색화하여야 한다.

나아가 기후정의 동맹은 공공성의 형성과 확보, 그리고 유지가 국가에 의한 것만이 아니라, 지방정부 및 지역 시민사회에 의한 것일 수도 있다는 점에 대해서 토론해야 한다. 이는 분권과 자치라는 민주주의의 원칙을 따르자는 주장이다. 또한 기후변화와 기후정책에 의한 영향이 직접적으로 나타나고 있고, 온실가스 감축과 기후변화 적응이 이루어져야 할 현장이 지역이기도 하다는 점에서 필요한 일이다. (여전히 모호한 측면이 있기는 하지만) 지자체들은 국가의 일방성에 대해 문제제기하면서 권한과 자원을 이양할 것을 요구해 오고 있으며, 지역의 많은 시민사회들은 지자체를 압박하고 주민자치를 요구하면서 다양한 방식으로 기후위기 해결을 위한 행동에 나서고 있다. 그중에는 '풍력 공개념'과 '제주 에너지 공사'와 같은 혁신적인 발상도 있으며, 무분별하게 설치되는 (주로 외지 민간기업에 의한) 풍력 및 태양광 발전설비 건설 계획에 대한 저항도 포함된다. 후자는 기후위기 시대에 일견 여러 모순적인 주장이 제기되고 있다고 느껴질 수도 있지만, 한국 사회 자체의 불평등이 어떻게 재생산되고 있는지 우리가 해결해야 할 문제가 무엇인지 보여주는 것이기도 하다. 기후정의 동맹이 아래에서부터 조직되어야 한다면, 그 축의 하나는 지역사회(의 급진적 분파)에 있을 것이다.

16장

실용적 불가능주의를 넘자

탄소중립은 선언했지만

최근 정부가 그린뉴딜을 추진하고 탄소중립을 선언하면서, 한국의 기후정치는 과거와 달리 급물살을 타고 있다. 2019년 '기후위기 비상행동'은 대규모 집회를 개최하면서 정부에게 기후위기를 선언하고 배출 제로 목표를 세울 것을 요구했다. 또한 코로나19 재난이 진행되는 속에서 치러진 2020년 총선에서도 새롭게 구성될 국회에게 비상선언 등을 요구했다. 쉽사리 얻어낼 수 있는 목표라고 자신할 수는 없었다. 하지만 탈석탄 정책을 내세운 충남도의 비상선언에 이어 226개 기초 지자체들이 기후위기 비상선언을 시작하면서 변화가 시작되었다. 국회에서는 정의당의 비상 결의안 발의를 시작으로 하여 민주당과 국민의힘까지 합류하였고, 결국 9월 말 국회는 기후위기 비상 결의안을 통과시켰다.

한편 정부는 코로나19 재난으로 침체된 경제를 회복하기 위해서 한국판 뉴딜 계획을 발표했고, 초기에 누락된 그린뉴딜 계획을 덧붙였다. 이제 기후위기가 국가 정책의 주요 맥락으로 언급되기 시작하였다. 이어 10월 말 대통령이 국회 시정 연설에서 '탄소중립'을 천명한 후, 12월의 국무회의는 유엔에 제출해야 할 2050년 '장기 저탄소 발전 계획'LEDS에 탄소중립 목표를 명시하도록 의결하였다. 1년 전만 해도 2050년의 감축 목표를 2017년 대비 75% 이상으로 하기가 힘들다고 버티고 있었던 것을 생각하면 큰 변화가 아닐 수 없다.

하지만 기후침묵이 무너졌다 이야기할 수 있을까? 기후위기를 제대로 대응할 태세가 되었다고 말할 수 있을까? 단지 립서비스에 불과할 수 있다. 기후위기 선언, 탄소중립 목표, 그리고 그린뉴딜 계획이 천명되고 있지만, 지금까지의 탄소 배출 체제는 별 흔들림이 없기 때문이다. 대통령의 탄소중립 선언도 아랑곳하지 않고, 경제부총리가 한국판 뉴딜의 하나로 발표한 '무착륙 국제 관광비행' 계획을 보면 분명히 깨닫게 된다. 코로나19 재난으로 국제 항공편 운행이 급감하여 항공사를 비롯한 관광 및 면세판매업자들이 어려움을 겪자, 정부는 이 기상천외

한 방법을 제시했다. 다른 나라 상공까지 날아가지만 땅 한 번 밟지 않고 되돌아오는 것에 '관광'이라는 이름을 붙였다. 그 비행기 탑승객이 면세점을 이용할 수 있도록, 이들이 출국하였다가 입국한 것이라고 규정을 해석하는 꼼꼼함을 보이면서도, 이 괴기스런 비행으로 배출될 온실가스는 안중에도 없다. 이 사례만 있는 것은 아니다. 정부는 탄소중립 추진전략 중의 일환으로 '친환경차 전환'과 함께 "탄소중립 친화적 재정프로그램(을) 구축·운영"하겠다고 밝히면서도, 같은 날 "판매 절벽을 우려하는 자동차 업계를 지원하기 위해서" 자동차 개별소득세 인하 조치를 1년간 더 연장하였다. 온실가스를 배출하지 않으면 생존하기 힘든 산업, 그 위에서 만들어진 고용, 이 붕괴를 방치하기 힘든 정부, 이들의 기후침묵은 구조적이며 온실가스 배출은 지속된다.

자본주의 위기의 녹색 관리 전략

기후침묵을 깨고 정부와 기업이 입을 열었다 하더라도, 이는 전면적이라기보다는 선택적이다. 기후위기론의 급진성은 재빨리 감춰지고, 그 위기는 현재의 자본주의 경제성장 시스템을 유지하면서도 충분히 해결 가능한 것으로 애써 설명된다. 게다가 일부 기업들이 돈벌이 준비가 되어 있는 영역은 기후위기 해결 방안으로 부각되고 있다. 전기차 배터리, 수소차, 연료전지, ESS(에너지 저장장치) 등 국내 대기업들이 상대적으로 기술 우위를 차지하고 있는 분야는 기후위기를 해결할 수 있는 '녹색산업'으로 선포되고, 정부의 그린뉴딜 계획의 핵심 분야로 자리 잡아 대규모 재정이 투자될 예정이다. 자본주의 위기의 녹색 관리 전략이 작동하기 시작한 것이다. 예컨대 친환경 자동차 정책이 그렇다. 현대기아차와 같은 국내 자동차 기업들은 내연기관 자동차를 계속 생산해서 팔아치우고 있지만 세계 시장이 이미 변하고 있다는 점을 모르지 않는다. 이미 전기차 생산에 상당한 준비를 해 놓기도 했다. 정부의 그린뉴딜은 국내 자동차 산업의 전환에 마중물 역할을 했다고 미화할 수도 있겠지만, 채찍은 내려놓고 당근만 잔뜩 안겨 준 것에 불과하다. 한국 경제의 오랜 '정경유착' 관행이 기후위기 시대에 녹색 모자를 썼을 뿐이다. 정부는 대체 언제 내연기관차 생산을 중단시킬 것인지 입을 다물고 있다. 보다 중요하게는 자동차를 바꾸는 것에 머물지 않고 교통 시스템, 나아가 도시 구조 자체를 바꿔야 한다는 주장에는 눈감고 있다. 도시의 핵심적인 기능에 걷거나 자전거를 타고 짧은 시간 안에 도달할 수 있도록 한다는 '15분 도시'와 같은 전환의 상상력은 배제해 버렸다. 교통량과 자동차를 줄이는 것이 목표인 이런 상상력이, 자동차 산업 자본과 그들의 이익을 침해하기 두려워하는 정부에게 어떻게 받아들여질지 생각해 보라.

사회 곳곳에 자리를 잡은 화석연료 기반의 시스템을 하루아침에 법률로 폐지할 수는 없다. 기존의 기술 시스템을 버리고 새로운 시스템을 탐색하고 이와 연계된 사회 시스템과 함께 변화해야 하기 때문에, 전환에는 일정한 시간이 필요하다. 그래서 사회-기술 시스템의 전환은 점진적인 과정이라고 말하기도 한다. 그러나 구조적 변화를 지향하지 않고 현재의 시스템을 유지한 채 대응해 보려는 전략은 아까운 시간만을 허비할 뿐이며, 오히려 기존 시스템에 더욱 고착되기 쉽다.

석유화학단지와 제철소에서 부산물로 생산되는 부생 수소를 출발점 삼고 천연가스를 개질하여 추출 수소 공급을 확대하며, 국내 재생에너지 공급의 한계를 보완하기 위하여 호주와 같은 국가로부터 그린 수소를 수입해 오겠다는 정부의 수소경제 구상이 딱 그런 꼴이다.

지금까지 정부와 기업들이 해 왔던 경험과 사고방식, 이미 구축된 다양한 인프라, 그리고 화석연료 자본의 이해관계와 정치적 동맹까지 생각하면, 이런 접근이 오히려 실현가능성 높은 전환 경로라고 평가할 수 있을는지 모르겠다. 특히 정부와 국회, 그리고 언론은 무엇을 어떻게 바꿀 것인가에 대해서 토론하는 대신, 가능한 것이 무엇인지만을 물으면서, 이런 식의 실용주의적 접근이 넘쳐난다. 지금 우리가 직면한 기후위기는 현 체제에서 가능한 것만으로는 해결할 수 없다. 그동안 하지 않았지만 이제는 해야만 하는 일을 찾고 반드시 해 내야만 넘어설 수 있다. '실용주의'는 기후위기 해결을 불가능하도록 이끌 뿐이다.

"개혁보다 혁명이 쉽다"

미국의 유나바머Unabomber, 시어도어 존 카진스키Theodore John Kaczynski는 대학과 공항 등에 우편물 폭탄을 보내 공격하면서까지 산업 문명을 비판하다가 1996년에 체포되었다. 그 직전에 그는 유명 일간지에 게재된 자신의 선언문에서, 차라리 "개혁보다 혁명이 쉽다"는 인상적인 말을 남겼다. 사람들은 심대한 변화가 동반하는 고통을 견디기 힘들어 하기 때문에 개혁은 항상 제한적이지만, 혁명적 열정에 불이 붙으면 사회는 어떤 희생이라도 감내해 낸다는 것이다. 대규모 기술 문명을 전면적으로 폐기하자는 그의 주장을 뒷받침하기 위해 쓴 말이다. 산업 문명의 전면적 폐기라는 무모한 목표와 우편물 폭탄이라는 과격한 전략에 동의하지 않지만, 기후위기 앞에서 충분히 되새겨볼 수 있는 말이다. 우리에게 남겨진 시간, 그리고 감당해야 할 재앙을 가늠해 보면, 우리에게는 개혁보다 혁명이 더절실하다. 혁명이 우리의 생존 기회를 더 높일 수 있을 것이다. 그 혁명을 우편물 폭탄과 장문의 선언문으로 일궈 내려 했던은둔 엘리트, 유나바머의 행동과 다르게, 나는 거리에서, 일터에서, 그리고 가정에서 많은 동료 시민들과 함께 만들어 내는것이라 생각한다. 우리가 직면한 불안과 공포, 그리고 불평등에 대해 모여서 함께 이야기하는 것으로부터 시작하여, 어떻게 불확실한 미래를 개척해 나갈지 공동의 비전과 전략을 합의하고 서로 연대하고 협력하는 집합적인 행동으로 이뤄 내는혁명 말이다. 그 집합적인 행동은 화석연료 동맹을 격파하며탈탄소 사회를 향한 미지의 항해를 가능하게 해 주는 사회적힘이 될 것이다.

　기후위기를 벗어나기 위한 혁명은 지금껏 의존하던 사회-기술 시스템의 구조적 변화를 의미하는 것이기도 하다. 기후혁명은 — 역사적으로 경험했던 과거 혁명들에 대한 일반적인 이해처럼 — 혁명 세력이 의사당을 장악하고 새로운 헌법과 정부를 선포하는 것으로 일단락되지 않는다. 우리는 한전, 포스코제철, 현대자동차, SK, 두산중공업, 대한항공 등의 기업에 의해서 통제되는 생산 및 유통 시설을 기술적으로 어떻게 바꿔 낼 것인지도 결정해야 한다. 나아가 시민들의 일상생활을 구성하는 기술 제품과 생활 습관들도 변화시켜야 한다. 과거 혁명 정부는 사회적 착취의 종식과 함께 빈곤을 해결할 생산력을 높여줄 산업 체제를 구축하는 과업을 추구해야 했다면, 우리의 혁명 정부는 심화된 사회적 불평등을 해결하는 동시에 광범위하고 긴밀하게 화석연료와 연결된 거의 모든 기술, 규범, 관행 등을 어떻게 구조적으로 변화시킬 것인지에 대한 숙제도 해결해야 한다. 즉 생산을 위한 혁명이 아니라 전환을 위한 혁명이 필요한 것이다. 솔직히 이 혁명을 이루어 낼 수 있을지 장담할 수 없다. 게다가 이 혁명은 지극히 짧은 시일 안에 마무리 지어야 한다. 그러나 절망과 분노가 깊을수록, 이 혁명의 절박성은 더 커진다. 여기서 다시 한 번, 우리의 최대의 적은 비관과 무기력함이라는 점을 잊지 말자. 혁명의 유토피아적 상상이 생존을 위해 가장 현실적이라는 점을 되새기자.

우리는 갈 길이 아주 멉니다. 어쩌면 결코 도달하지 못할지도 모르지요. 그러나 절망할 바에야 정신 나간 희망을 품을 수밖에 없습니다. 낡아빠진 불가능 염불에 기죽지 맙시다. 바로 우리가 현실주의자입니다!(우리 모두의 일, 2020: 47)

강의를 갈 때마다 종종 질문을 받는다. 기후위기 시대에 우리가 할 수 있는 것이 무엇이냐고. 지금은 '데모'할 때라고 답한다. 청와대, 정부, 국회, 도청, 시청, 군청, 한전. 어디든 가서 기후위기를 해결하라고 1인 시위든 점거 농성이든 하면 좋겠다고 이야기한다. 무엇을 기대했는지 정확히 모르겠지만, 실망하는 표정들도 꽤 있다. 때때로 ("그런 것 말고 내가 당장 할 수 있는") '작은 실천'에 대해 더 묻곤 한다. 올해 초 선도적으로 기후위기 비상선언을 한 생협은 조합원들에게 '하이파이브 약속' 운동을 제안하고 있다. 제안 자료를 보니, 한 사람이 국산 제철 음식을 먹고, 텀블러와 손수건을 사용하며, 쓰레기를 줄이고, 자동차 타는 대신 걸으며, 한 달에 하루 전깃불을 끄는 '하루 쉼

표의 날'을 실천할 경우에 1년에 214.2kg의 온실가스를 감축할 수 있다. 멋진 일이라 생각됐지만, 동시에 삼척과 강릉에 새로 건설되고 있는 4기의 석탄발전소(4.1GW)도 떠올랐다. 그 발전소들은 연간 2천7백만 톤 정도의 이산화탄소를 배출할 것으로 추정된다. 이것을 가동하면 무려 1억 2천만여 명이 하이파이브 약속에 동참했을 때 감축할 수 있는 온실가스량을 한꺼번에 배출한다. '하이파이브 약속'과 같은 '작은 실천'이 무의미하다거나 필요 없다고 주장하려는 것이 아니다. 그런 '작은 실천'은 우리의 일상을 저탄소 방향으로 바꾸는 중요한 도전이 되겠지만, 그것에 자족해서는 안 된다는 것을 말하고 싶다. 이 '작은 실천'이 석탄발전소 건설 중단을 요구하는 정치적 실천으로 어떻게 바뀌고 확대될 수 있을 것인가에 대해 물어야 한다.

지난 2020년 11월, 비 내리는 늦가을 날, 국회 철제 정문에 목을 자물쇠로 묶은 십여 명의 '멸종반란 한국'의 활동가들이 피켓과 현수막을 펼쳐 들었다. "우리는 지금 멸종을 향해 달려가고 있다", "2025년 탄소중립". 그날 국회에 예정된 2050년 LEDS 공청회에 초대받지 못한 이들이 '직접행동'으로 외친 '몸소리'였다. 공청회는 코로나19 재난 핑계로 청중석을 텅 비운 속에서 진행되었고, 경찰은 절단기로 자물쇠를 끊어 활동가 전

원을 연행해 갔다. 기후운동으로 연행된 첫 번째 사례로 기록된다.

  며칠 뒤, 토요일 이른 아침. 창밖으로 멀리 북한산이 보이는 방에 십여 명의 청년들과 둘러앉았다. 이 책의 초고를 함께 읽고 토론하는 자리였다. 함께한 이들 중에는 국회 앞 직접행동에 참여했던 이들도 있었다. 연행된 경찰서에서 비건 음식을 제공할 것을 요구하며 채식 교육까지 했다며 유쾌하게 웃는 이도 있었고, 형사 처벌을 받아 자신의 미래에 어떤 영향을 미칠까 걱정하는 이도 있었다. 그러나 그 모든 것에 앞서 기후위기에 대한 두려움과 뭔가 해야 한다는 절박함이 있었다. 그들은 경찰에 연행되는 것을 감수할 만큼 절실했다. 토론을 끝내고 한 대학교 정문 앞으로 행진한 이들은 즉석에서 거리 연설회를 열었다. 솔직히 사람의 왕래가 거의 없어서 듣는 사람이라곤 함께 행진한 이들뿐이었지만, 그들은 자신들의 이야기를 들려주고 싶어 했다. 또 기꺼이 서로 들어주었다. 박수로, 환호로, 또 눈물로. 가을 저무는 해 속의 이들의 연설은 얼어붙지 않고 겨울을 견디고, 또 봄이 오면 둘러앉고 드러눕고 묶으면서 더 많은 이들의 입에서 반복되고 전파될 것이라고 믿는다.

  우리에게 필요한 변화는 우리의 삶이 의존하고 있는 화석연료 중심의 에너지 시스템을 최대한 빠른 시간 안에 완전히 탈탄소화하는 것이다. 그와 관련된 구체적인 방안들이 마련되어 있고 이를 실현하려는 구체적인 노력도 진행되고 있으며, 또 일부 진전도 있다. 그러나 너무 더디다. 이런 방안들이 전면적으로 구현되지 못하는 까닭은 기존의 화석연료 시스템에 견고하게 잠겨 있는 사회경제적 이해관계의 저항 때문이다. 현대의 민주주의는 거기에 갇혀, 너무 느리게 움직이고 있다. 때론 기후위기 해결을 내세워 누구의 주머니를 불리는 데 더 촉각을 세운다. 우리에게 가장 부족한 것은 현행 체제를 근본적으로 뒤바꾸겠다는 정치사회적 결의이며, 이를 요구하고 추진해 갈 정치사회적 세력이다. 민주주의를 혁신하고 확장하려는 목표와 노력이다. 기후정의 동맹을 구축하여 전환을 거부하는 화석연료 자본주의 동맹과 맞서 싸워야 한다. 더 많은 지역에서, 학교에서, 공장에서, 거리에서, 모이고 토론하고 외치는 일이 필요하다. 사회 각 부문의 탈탄소화 방안을 찾고 구현하는 노력만큼이나, 아니 어쩌면 그보다 시급하고 중요하다. 정부가 탄소중립을 천명하면서 그럴싸한 이름의 거버넌스 틀을 만들겠지만, 행동하기보다는 속도를 늦추는 데 더 능숙할지 모른다. 답답한 소리만 듣고 지루한 이야기만 나누는 회의라면 그 틀을 박차고 나오자. 지난 2020년 '기후위기 비상행동'은 지역 수

십 곳에서 '기후행동학교'를 개최했다. 앞으로 더 많은 '기후행동학교'가 필요하다. 여기에 더해, 이제 여기저기에서 기후정의를 외치는 거리 연설회를 열고, 기후악당에 대항해 점거하고 농성하며 싸우는 일도 필요하다. 이 책이, 바로 그때 서로 빌려주고 돌려 읽는 책이 될 수 있기를 기대해 본다.

참고 문헌

국내 문헌

고재경 외(2020), "코로나19 위기, 기후위기 해결의 새로운 기회", 『이슈&진단』 412호, 경기연구원.

구본우(2010), "탄소 시장은 금융기관의 화수분이 될 것인가", 『에너진 포커스』 제18호, 에너지기후정책연구소.

권 다이어(2011), 이창신 옮김, 『기후대전』, 김영사.

그레타 툰베리(2019), "다른 탄소예산이 있나요?", 한재각 엮음, 『1.5, 그레타 툰베리와 함께 : 기후위기 비상행동을 위한 긴급 메시지』, 한티재, 16~26쪽.

기후위기 비상행동(2019), "지금이 아니면 내일은 없다. 기후위기, 지금 말하고 당장 행동하라", http://climate-strike.kr/demand/

기후정의 더반 그룹(2004), "탄소 거래에 대한 더반 선언", 이안 앵거스 엮음(2012), 김현우·이정필·이진우 옮김, 『기후정의 : 기후변화와 환경 파괴에 맞선 반자본주의의 대안』, 이매진, 193~196쪽.

기후정의네트워크(2007, 2008), "기후정의네트워크 두 개의 성명서", 이안 앵거스 엮음(2012), 김현우·이정필·이진우 옮김, 『기후정의 : 기후변화와 환경 파괴에 맞선 반자본주의의 대안』, 이매진, 250~256쪽.

김명진(2008), 『야누스의 과학: 20세기 과학기술의 사회사』, 사계절.

김병권(2020), 『기후위기와 불평등에 맞선 그린뉴딜』, 책숲.

김상현(2020), "그린뉴딜 다시 쓰기 : 녹색성장을 넘어", 『창작과비평』 통권

187호, 31~49쪽

김선철·한재각(2020), "기후재난 시대, 그린뉴딜의 원칙 : 정의로운 그린뉴딜", 〈코로나와 기후재난 시대, 어떤 그린뉴딜이 필요한가〉 기후위기 비상행동 토론회(2020. 5. 27; 서울 유네스코회관), http://climate-strike.kr/2394/

김원(2018), "[생각나눔] 폭염 속 쪽방", 기후변화행동연구소, http://climateaction.re.kr/index.php?document_srl=175078&mid=news04

김현우(2014), 『정의로운 전환』, 나름북스.

김현우(2016), "피크오일 논의의 최신 동향 : 중요한 것은 정확한 시기 예측이 아니다", 『에너진 포커스』 제74호, 에너지기후정책연구소.

그린피스 서울사무소(2020), "기후위기로 2030년 300만 명 주거지 물에 잠긴다", https://www.greenpeace.org/korea/press/14766/presslease-sea-level-rise/

나오미 클라인(2016), 이순희 옮김, 『이것이 모든 것을 바꾼다 : 자본주의 대 기후』, 열린책들.

대한민국 정부(2020), "2030 국가 온실가스 감축목표(NDC)", 2020. 12.

디디에 오글뤼스텐느, 장 주젤, 에르베 르 트뢰트(2009), 박수현 옮김, 『기후 예고된 재앙』, 알마.

래리 로만(2008), "탄소 거래를 반대하는 여섯 가지 주장", 이안 앵거스 엮음(2012), 김현우·이정필·이진우 옮김, 『기후정의 : 기후변화와 환경 파괴에 맞선 반자본주의의 대안』, 이매진, 213~221쪽.

레베카 솔닛(2012), 정해영 옮김, 『이 폐허를 응시하라』, 펜타그램.

리처드 하인버그(2006), 신현승 옮김, 『파티는 끝났다 : 석유시대의 종말과 현대 문명의 미래』, 시공사.

마크 샤피로(2019), 김부민 옮김, 『정상성의 종말 : 기후 대재앙 시나리오』, 알마.

박병도(2013), "기후변화 취약성과 기후정의", 『환경법연구』 제35권 2호,

61~94쪽.

박병도(2019), "기후변화와 인권의 연관성에 관한 국제법적 검토", 『일감법학』 제42호, 111~143쪽.

박희제(2008), "기후변화 논쟁을 통해 본 환경과학의 역할과 성격", 『환경사회학 연구 ECO』 제12권 1호, 183~216쪽.

볼리비아(2009), "부유한 국가들이 생태 부채를 지불해야 한다", 이안 앵거스 엮음(2012), 김현우·이정필·이진우 옮김, 『기후정의 : 기후변화와 환경 파괴에 맞선 반자본주의의 대안』, 이매진, 265~269쪽.

스티븐 레빗, 스티븐 더브너(2009), 안진환 옮김, 『슈퍼 괴짜경제학』, 웅진지식하우스.

스티븐 에모트(2014), 박영록 옮김, 『100억 명, 어느 날』, 시공사.

앤드루 로스(2016), 김의연 외 옮김, 『크레디토크라시 : 부채의 지배와 부채 거부』, 갈무리.

앤드루 심스(2009), "탄소시장이 세계를 구할 수 없는 이유", 이안 앵거스 엮음(2012), 김현우·이정필·이진우 옮김, 『기후정의 : 기후변화와 환경 파괴에 맞선 반자본주의의 대안』, 이매진, 209~212쪽.

에보 모랄레스(2007), "지구 대지를 보호하라!", 이안 앵거스 엮음(2012), 김현우·이정필·이진우 옮김, 『기후정의 : 기후변화와 환경 파괴에 맞선 반자본주의의 대안』, 이매진, 225~234쪽.

엘마 알트파터(2007), 엄정용 옮김, 『자본주의의 종말』, 동녘.

외교부(2019), "강경화 장관, 녹색기후기금(GCF) 사무총장 면담", 보도자료 (2019. 6. 4).

우리 모두의 일(2020), 이세진 옮김, 『기후정의선언 : 우리는 실패할 권리가 없습니다』, 마농지.

원주민 기후변화 국제포럼(2007), "우리는 완전하고 유효한 참여를 요구한다",

이안 앵거스 엮음(2012), 김현우·이정필·이진우 옮김, 『기후정의 : 기후변화와 환경 파괴에 맞선 반자본주의의 대안』, 이매진, 241~243쪽.

윤순진(2008), "기후불의와 신환경국제주의: 기후 담론과 탄소 시장의 해부를 중심으로", 『환경정책』 16(1), 135~167쪽.

이승준(2016), "기후변화 적응 및 손실과 피해에 관한 파리 협정의 의의와 우리의 대응", 『환경포럼』 20(20), 한국환경정책평가연구원.

이안 앵거스 엮음(2012), 김현우·이정필·이진우 옮김, 『기후정의 : 기후변화와 환경 파괴에 맞선 반자본주의의 대안』, 이매진.

이유진(2019), "그린뉴딜(Green New Deal) 시사점과 한국사회 적용", 워킹페이퍼 WP19-10, 국토연구원.

이정필(2018), "정의로운 전환의 담론과 과제", 『에너진 포커스』 제88호, 에너지기후정책연구소.

이진우(2010), "탄소 시장 도입에 관한 비판적 고찰", 『에너진 포커스』 제16호, 에너지기후정책연구소.

이진우(2011), "기후정의 운동이란 무엇인가 : 역사와 논리, 그리고 현황", 『에너진 포커스』 제28호, 에너지기후정책연구소.

이진우(2016), "기후정의 + 에너지 : 시장은 기후변화를 멈출 수 있을까", 에너지기후정책연구소, 『에너지 전환과 에너지 시민을 위한 에너지 민주주의 강의』, 이매진, 125~141쪽.

이필렬(2002), 『석유시대, 언제까지 갈 것인가』, 녹색평론사.

정은희(2016), "미국 에너지 기업에 맞선 아메리카 원주민들의 투쟁", 『워커스』, 24호, http://www.newscham.net/news/print.php?board=news&id=66007

정회성·정회석(2013), 『기후변화의 이해 : 정책과 경제 그리고 과학의 관점에서』, 환경과문명.

제레미 리프킨(2020), 안진환 옮김, 『글로벌 그린 뉴딜 : 2028년 화석연료 문명의 종말, 그리고 지구 생명체를 구하기 위한 대담한 경제 계획』, 민음사.

조천호(2019a), 『파란하늘, 빨간지구 : 기후변화와 인류세, 지구시스템에 관한 통합적 논의』, 동아시아.

조천호(2019b), "이산화탄소, 이전 세대가 부린 사치… 미래세대에 이렇게 큰 짐될 줄이야", 『경향신문』(2019. 8. 29).

조효제(2015), "기후변화, 절체절명의 인권문제", 『한겨레』(2015. 8. 18), http://www.hani.co.kr/arti/opinion/column/704938.html

존 벨라미 포스터(2001), 김현구 옮김, 『환경과 경제의 작은 역사』, 현실문화연구.

캐빈 스미스(2006), "탄소 거래의 외설", 이안 앵거스 엮음(2012), 김현우·이정필·이진우 옮김, 『기후정의 : 기후변화와 환경 파괴에 맞선 반자본주의의 대안』, 이매진, 204~208쪽.

크리스 윌리엄스(2008), "탄소 총량 규제와 거래 제도", 이안 앵거스 엮음(2012), 김현우·이정필·이진우 옮김, 『기후정의 : 기후변화와 환경 파괴에 맞선 반자본주의의 대안』, 이매진, 197~203쪽.

티머시 미첼(2017), 에너지기후정책연구소 옮김, 『탄소 민주주의 : 화석연료 시대의 정치권력』, 생각비행.

팀 잭슨(2013), 전광철 옮김, 『성장 없는 번영 : 협동조합과 사회적 경제를 위한 생태거시경제학의 탄생』, 착한책가게.

파블로 솔론(2018), "비비르 비엔 : 안데스 원주민 공동체에게 배우는 '참다운 삶'의 지혜", 파블로 솔론 외 지음, 김신양 외 옮김, 『다른 세상을 위한 7가지 대안』, 착한책가게, 18~66쪽.

한재각(2010), "메탄은 비난받아야 하는가? : 기후부정의의 과학적 기초", 전국사회학 대학원생 학술대회(2010. 8. 27~28, 연세대) 발표문.

한재각(2011), "로켓 쏘아올려 온난화 막는다?", 『이코노미 인사이트』 9호(2011. 1. 1).

한재각(2017), "불확실한 기후과학 위에 차려진 탄소 시장의 정체는?", 김동광 외, 『불확실한 시대의 과학 읽기 : 과학과 사회를 관통하는 생각의 힘을 찾다』, 궁리, 195~217쪽.

한재각(2018), "에너지 전환의 개념 분석과 한국 에너지 정책을 위한 시사점", 『에너지포커스』 2018년 가을호, 에너지경제연구원, 72~98쪽.

한재각(2019), "탄소예산에 입각한 2050 전략 방향 제안", 기후위기 비상행동 토론회(2019. 12. 11; 서울 프란치스코회관) 발표문.

홍덕화(2020), "기후정의와 전환 담론의 급진화", 구도완 외 지음, 『생명 자유 공동체 새로운 시대의 질문』, 풀씨, 302~345쪽.

홍은경(2016), "개도국의 기후변화 취약계층에 대한 논의", 『국제개발협력』, 제11권 4호, 73~96쪽.

황정규(2020), "두산중공업 노동자투쟁 : 기후위기 시대 에너지 전환을 위해 싸우자!", 『사회주의자』(2020. 4. 3), http://socialist.kr/struggles-of-workers-in-doosan-heavy-industry-and-energy-transition/

Paudac. Hasminah D.(2020), "기후위기, 기업의 책임을 묻다", 기후위기로 인한 인권침해 증언대회 자료집, 31~37쪽.

『경향신문』(2020. 7. 29), "한반도… 이젠 핫반도", http://news.khan.co.kr/kh_news/khan_art_view.html?art_id=202007282055005

『뉴시스』(2017. 7. 28), "반 UN사무총장, 세계에 '기후변화 경고'", https://news.v.daum.net/v/20070728145008035

『뉴시스』(2021. 1. 6), "WB, 올해 세계 경제성장률 4.0%… 코로나 재확산에 0.2%p

하향", https://newsis.com/view/?id=NISX20210105_0001294791

『동아일보』(2018. 9. 12), "삶의 터전 잃은 기후난민들… 테러보다 무서운 환경변화", http://news.donga.com/3/all/20180911/91941233/1

『매일경제』(2018. 2. 18), "'기회의 땅' 북극이 열린다… 美·中·러 新패권전쟁", https://www.mk.co.kr/news/world/view/2018/02/112134/

『매일경제』(2019. 11. 3), "[中企현장목소리 ⑨] 북극항로 엄청난 기회인데 한국은 물류산업 관심 뒷전", https://www.mk.co.kr/news/business/view/2019/11/902889/

『사이언스 타임즈』(2020. 2. 7), "영구 동토층 해빙으로 지구온난화 빨라져", https://www.sciencetimes.co.kr/news/영구-동토층-해빙으로-지구온난화-빨라져/

『안전저널』(2019. 8. 19), "올해 발생한 온열질환자 1000명 넘어… 사망자는 5명 집계", https://www.anjunj.com/news/articleView.html?idxno=23121

『연합뉴스』(2015. 9. 21), "유럽 난민 사태의 '뿌리'는 기후변화… '환경난민 시대' 열렸다", http://www.yonhapnews.co.kr/bulletin/2015/09/18/0200000000AKR20150918039300009.HTML

『연합뉴스』(2019. 5. 16), "온열질환자 수 추이", https://www.yna.co.kr/view/GYH20190516001500044

『연합뉴스』(2019. 10. 30), "2050년까지 1억 5천만 명 주거지 바다 잠겨… 방콕, 상하이 위협", https://www.yna.co.kr/view/AKR20191030064000009

『연합뉴스』(2019. 7. 7), "한국 GDP 순위 12위 유지… 1인당 국민소득은 세계 30위권", https://www.yna.co.kr/view/AKR20190706050300002

『조선일보』(2019. 4. 12), "빵값 올렸다가… '다르푸르 대학살' 자행한 독재자 끝장났다", https://www.chosun.com/site/data/html_dir/2019/04/12/2019041200183.html

『지엔이타임즈』(2020. 8. 2), "세계 에너지 투자 규모, 역대 최대 하락폭 전망", http://www.gnetimes.co.kr/news/articleView.html?idxno=58496

『프레시안』(2009. 9. 11), "전기요금 1등 이재용 자택, 월평균 2470만원", https://www.pressian.com/pages/articles/96808#0DKU

『한겨레』(2007. 8. 24), "'비극의 땅' 다르푸르 난민촌에 가다", http://www.hani.co.kr/arti/international/arabafrica/231269.html#csidx6c15a509c2982b6b39fd05709ab6ad8

『한겨레』(2019. 8. 13), "'폭염 혹사' 건설 노동자 절반 이상, '나와 동료, 실신 등 증세 보인 적 있다'", http://www.hani.co.kr/arti/society/labor/905587.html

『한겨레』(2020. 11. 26), "폭염·한파에도 일해야… 기업·국가가 인권침해 가해자", http://www.hani.co.kr/arti/society/environment/971704.html

『한겨레』(2020. 5. 20), "코로나19로 세계 이산화탄소 배출 17% 줄었다", http://www.hani.co.kr/arti/society/environment/945654.html

국외 문헌

Adve, Nagraj(2019), "How the Climate Justice Movement in South Asia Took a Big Step Forward Last Week", *WIRE*, https://thewire.in/environment/how-the-climate-justice-movement-in-south-asia-took-a-big-step-forward-last-week

Agrawal, Anil and Sunita Narain(1991), *Global Warming in an Unequal world: A case of Envirnomental Colonialism*, Center for Science and Environment, New Delhi.

Ahuja, Dilip R.(1992), 'Estimating national constributions of greenhouse gas emissions: The CSE-WRI controversy', *Global Environmental Change 2(2)*, pp.83~87.

Baumert. Kevin A., Herzog. Timothy, Pershing. Jonathan(2005), *Navigating the Numbers: Greenhouse Gas Data and International Climate Policy*, World Resources Institute.

Berwyn, Bob(2012), "Many Scientists Now Say Global Warming Could Stop Relatively Quickly After Emissions Go to Zero", *Inside Climate News*, https://insideclimatenews.org/news/03012021/five-aspects-climate-change-2020/?fbclid=IwAR2u-PsPDVltDT1KmeUtA_2e7EV0j5-INuMmxiDU3bIvDsIJMU0rf9GhdQU

Christian Holz(2018), "Modelling 1.5℃-Compliant Mitigation Scenarios Without Carbon Dioxide Removal", Volume 44.8 of the Publication Series Ecology, the Heinrich Böll Foundation.

Chris Barrie(2019), "Foreword", in David Spratt and Lan Dunlop, Existential climate-related security risk: A scenario approach, Breakthrough - National Centre for Climate Restoration, https://52a87f3e-7945-4bb1-abbf-9aa66cd4e93e.filesusr.com/ugd/148cb0_90dc2a2637f348edae459 43a88da04d4.pdf (국문 번역본은 https://ecosophialab.com/에서 찾을 수 있다).

Civil Society Equity Review Coalition, (2019), "AFter Paris: Inequality, Fair Shares, and the Climate Emergency", http://civilsocietyreview.org/report2018/

Climate Action Tracker(2020), "A government roadmap for addressing the climate and post COVID-19 economic crise", https://

climateactiontracker.org/publications/addressing-the-climate-and-post-covid-19-economic-crises/?fbclid=IwAR3zliL1uxRim_KHCOROoxAkzc6 bruvzcIFC6TRbR8n7ZWZfRVu_NHvr17E

Climate Analytics(2020), "Transitioning towards a zero-carbon society: science-based emission reduction pathways for South Korea under the paris Agreement", https://climateanalytics.org/publications/2020/ transitioning-towards-a-zero-carbon-society-science-based-emissions-reduction-pathways-for-south-korea-under-the-paris-agreement/

Eckstein, David, etc al.(2019), "Global Climate Risk Index 2020: Who Suffer Most from Extreme Weather Events? Weather-Related Loss Events in 2018 and 1999 to 2018", German Watch Briefing Paper, https:// germanwatch.org/en/17307

ETC Group(2010), "Geopiracy: the case against geoenginnering".

FoE international(2008), "REDD Myths: a critical reivew of proposed mechanisms to reduce emissions from deforestation and degradation in developing countires".

Goodell, Jeff(2010), *How to Cool the Planet: Geoengineering and the Audacious Quest to Fix Earth's Climate*, Houghton Mifflin Harcourt, NewYork.

IPCC(2014), *Climate Change 2014: Synthesis Report. Contribution of Working Groups I, II and III to the Fifth Assessment Report of the Intergovernmental Panel on Climate Change* [Core Writing Team, R.K. Pachauri and L.A. Meyer (eds.)]. IPCC, Geneva, Switzerland,

Jackson T.(2019), "Zero Carbon Sooner—The case for an early zero carbon target for the UK", CUSP Working Paper No 18. Guildford: University of

Surrey. Online at: www.cusp.ac.uk/publications.

Janssens-Maenhout, G., Crippa, M., Guizzardi, D., Muntean, M., Schaaf, E., Olivier, J.G.J., Peters, J.A.H.W., Schure, K.M.(2017), *Fossil CO₂ and GHG emissions of all world countries*, EUR 28766 EN, Publications Office of the European Union, Luxembourg, ISBN 978-92-79-73207-2, doi:10.2760/709792, JRC107877.

Kallis, Giorgos(2017), In defense of degrowth: opinions and minifestos, Creastive Commons Attribution으로 출판(https://indefenseofdegrowth. com/)

Lovins, Amory B.(1976), "Energy Strategy: The Road Not Taken?," Foreign Affairs, October.

Mastini, Ricardo, Giorgos Kallis, Jason Hickel(2021), "A Green New Deal without growth?", Ecological Economics 179, pp. 1~9.

McSweeney, Robert and Ayesha Tandon(2021), "Global Carbon Project: Cornavirus Causes 'record fall' in fossil-fuel emission in 2020", Carbon Brief, https://www.carbonbrief.org/global-carbon-project-coronavirus-causes-record-fall-in-fossil-fuel-emissions-in-2020

Nauels, A, Rosen, D, Mauritsen, T et al.(2019), ZERO IN ON the remaining carbon budget and decadal warming rates. The CONSTRAIN Project Annual Report 2019.

Oil Change International(2016), "The Sky's Limit", http://priceofoil.org/ content/uploads/2016/09/OCI_the_skys_limit_2016_FINAL_2.pdf

Oxfam(2015), "Exterme Carbon Inequality", https://www.oxfam.de/system/ files/oxfam-extreme-carbon-inequality-20151202-engl.pdf

Oxfam(2020), "Confronting Carbon Inequality", https://oxfamilibrary.

openrepository.com/bitstream/handle/10546/621052/mb-confronting-carbon-inequality-210920-en.pdf

Peters, GP, Minx, JC, Weber, CL and Edenhofer, O. (2011), "Growth in emission transfers via international trade from 1990 to 2008". Proceedings of the National Academy of Sciences.

Poore, J., & Nemecek, T.(2018). "Reducing food's environmental impacts through producers and consumers". *Science*, 360(6392), pp. 987~992.

Resenbloom, Daniel, et al.(2020), "Opinion: Why carbon pricing is not sufficient to mitigate climate change—and how "sustainability transition policy" can help", PNAS 2020 117(16) pp. 8664~8668, https://doi.org/10.1073/pnas.2004093117

Tokar, Brian(2013), "Movements for climat justice in the US and worldwide", *Routledge Handbook of the Climate Change Movement, Routledge*, pp. 131~146.

Tokar, Brian(2019), "On the evolution and continuing development of the climate justice movement", Tahseen Jafry ed., *Routledge Handbook of Climate Justice*, Routledge. pp. 13~25.

UNDP(2007), *Human Development Report 2007/2008-Fighting Climate Change: Human Solidarity in a Divided World*.

UNEP(2019), "Cut global emissions by 7.6 percent every year for next decade to meet 1.5°C Paris target - UN report", https://www.unenvironment.org/news-and-stories/press-release/cut-global-emissions-76-percent-every-year-next-decade-meet-15degc

UNEP(2020), "Emissions Gap Report 2020", https://wedocs.unep.org/bitstream/handle/20.500.11822/34438/EGR20ESE.pdf?sequence=25

Wheeler, David(2011), "Quantifying Vulnerability to Climate Change: Implications for Adaptation Assistance." CGD Working Paper 240. Washington, D.C.: Center for Global Development. http://www.cgdev. org/content/publications/detail/1424759

The Washington Post(2020. 2. 14), "'Parasite' paints a nightmarish picture of Korean inequality. The reality in America is even worse", https:// www.washingtonpost.com/business/2020/02/14/parasite-paints-nightmarish-picture-korean-inequality-reality-america-is-even-worse/

Independent(2020. 12. 8), "Richest 1% in UK produce 11 times the carbon emissions of poorest 50%, says study", https://www.independent.co.uk/ news/uk/home-news/uk-carbon-emissions-one-percent-wealthiest-pollution-b1767733.html

온라인 자료

Our World in Data, "CO₂ and other Greenhouse Gas Emissions", https:// ourworldindata.org/co2-and-other-greenhouse-gas-emissions, 검색일: 2019. 6. 5.

World People's Conference on Climate Change and the Rights of Mother Earth, "People's Agreement of Cochabamba", https://pwccc.wordpress. com/2010/04/24/peoples-agreement/ 검색일: 2019, 6. 9.

Climate Debt, Climate Credit, https://sites.google.com/site/ climatedebtclimatecredit/home, 검색일: 2019. 6. 9.

Climate Action Tracker, "South Korea", https://climateactiontracker.org/
   countries/south-korea/ 검색일: 2020. 7. 19.

종합 기수변화감시정보, "온실가스", http://www.climate.go.kr/home/09_
   monitoring/intro/co2_intro 검색일: 2020. 7. 28.

Greta Thunberg speech in Assemblée Nationale, https://www.youtube.com/
   watch?v=J1yimNdqhqE 검색일: 2020. 7. 28.

Energypolicytracter 웹사이트, https://www.energypolicytracker.org/ 검색일:
   2020. 8. 2.

Degrowth.info 웹사이트, https://www.degrowth.info/en/%EA%B3%B5%
   EA%B0%9C-%EC%84%9C%ED%95%9C 검색일: 2020. 8. 2.

Energypolicytracter.org 웹사이트, "Republic of Korea", https://www.
   energypolicytracker.org/country/republic-of-korea 검색일: 2021. 1. 3.

Global Campaign to Demand Climate Justice 웹사이트, "New Normal",
   https://demandclimatejustice.org/2020/04/22/covid-19/ (국문 번
   역문은 http://enerpol.net/epbrd/bbs/board.php?bo_table=bbs5&wr_
   id=14776에서 볼 수 있다).

World Bank 웹사이트, "CO_2 emissions(metric tons per capita)", https://
   databank.worldbank.org/reports.aspx?source=2&series=EN.ATM.CO2E.
   PC&country=#

기후정의
희망과 절망의 갈림길에서

초판 1쇄 발행 2021년 2월 27일
초판 5쇄 발행 2022년 12월 19일

지은이 한재각
펴낸이 오은지
책임편집 변홍철
편집 변우빈
펴낸곳 도서출판 한티재 | 등록 2010년 4월 12일 제2010-000010호
주소 42087 대구시 수성구 달구벌대로 492길 15
전화 053-743-8368 | 팩스 053-743-8367
전자우편 hantibooks@gmail.com | 블로그 blog.naver.com/hanti_books
한티재 온라인 책창고 hantijae-bookstore.com